Bündner Wanderführer 5

Oberengadin

Surses – Bergell – P

Inhalt

2 Vorwort
4 Übersichtskarte
6 Routenverzeichnis
10 Wanderweg-Markierung
12 **Maloja–Sils–Silvaplana,** Routen 1–6
26 **St. Moritz,** Route 7–9
34 **Pontresina,** Routen 10–15
48 **Celerina–Samedan–Bever,** Routen 16–17
56 **La Punt–Zuoz–S-chanf,** Routen 18–20
64 **Surses,** Routen 21–28
82 **Maloja–Casaccia,** Routen 29–36
100 **Vicosoprano–Castasegna,** Routen 37–42
114 **Rund um die Bernina,** Routen 43–45
122 **Wege ins Val da Camp,** Routen 46–50
134 **Von der Berninabahn aus,** Routen 51–53
144 **Im Herzen des Puschlavs,** Routen 54–56
154 **Reizvolles unteres Puschlav,** Routen 57–60

Die gelben Seiten (nützliche Hinweise)
164 Bergwandern – aber sicher!
166 Touristische Informationen
168 Register
172 Liniennetz Oberengadin

Herausgeber: **BAW** Bündner Wanderwege, Geschäftsstelle Chur
Verlage und Herausgeber sind für ergänzende Anregungen dankbar.

Bearbeiter: **Peter Donatsch, Christian Gaudenzi, Siegfried Kromer** und **Toni Lampert**
Fotos: Peter Donatsch, Bad Ragaz; Engadin Press, Samedan; Gerhard Franzs; L. Gensetter, Davos; Siegfried Kromer; Toni Lampert; Montabella Verlag, St. Moritz; Postauto Graubünden; Rhätische Bahn; Photo Tiara, Rothenbrunnen; Christian Tischhauser und Tourismusvereine: Celerina, Pontresina, Sils, St. Moritz

casanovadruck
Casanova Druck und Verlag AG

BAW Bündner Wanderwege
Cuminanza grischuna per sendas
Ente grigionese pro sentieri

Terra Grischuna

Vorwort

Dieses informative Wanderbüchlein hat die BAW (Bündner Arbeitsgemeinschaft für Wanderwege) für Sie geschaffen, damit Sie sich möglichst rasch und umfassend ein Bild machen können von unseren schönen Wanderwegen im Oberengadin, Surses, Bergell und Poschiavo. Keine Region im Kanton Graubünden bietet so viele Gegensätze in bezug auf liebliche Landschaften, Gebirge und südliche Täler in Richtung Italien wie das Oberengadin. Für sämtliche Wanderungen ist es empfehlenswert, warme Kleidung mitzunehmen, um sich vor dem oft zügigen und kalten Wind zu schützen. Ebenso ist es möglich, dass wir kalte und rauhe Wetterverhältnisse mit Sturm und Schneefall in den Sommermonaten antreffen.
Die deutlichen Spuren der eiszeitlichen Vergletscherung sind der typische Charakterzug im breiten alpinen Hochtal des Oberengadins. Was eine alpine Gebirgslandschaft mit ihren Naturschönheiten zu bieten vermag, sehen wir an dem azurblauen Himmel, den gewaltigen Bergen, mächtigen Gletschern, smaragdgrünen Seen, tosenden Flüssen, sprudelnden Bächen, blumigen Weiden, duftenden Wäldern. Hinzu kommt ein Klima mit milder, dünner und trockener Luft.
Wir von der BAW wünschen Ihnen recht schönes und unfallfreies Wandern in der Tourismusregion Engiadin'Ota/Oberengadin.

BAW Bündner Wanderwege
Geschäftsführer: T. Lampert

Die Herausgeber danken folgenden Institutionen und Unternehmen für die Unterstützung dieses Wanderführers:

Bergbahnen Graubünden
Graubündner Kantonalbank
Kulturförderung Kanton Graubünden
Postauto Die Post
Rhätische Bahn

Dorfplatz Zuoz; links das Plantahaus mit seiner Treppenbrüstung, einer ungewöhnlich schönen Steinhauerarbeit. Dahinter die Kirche St. Luzi, von der die Reformation im Engadin ausging. Sie ist mit wertvollen Glasfenstern von Augusto Giacometti und Gian Casty geschmückt. Rechts das frühere Gerichtshaus, heute das Gasthaus Crusch Alva.

Übersichtskarte 1:301 000

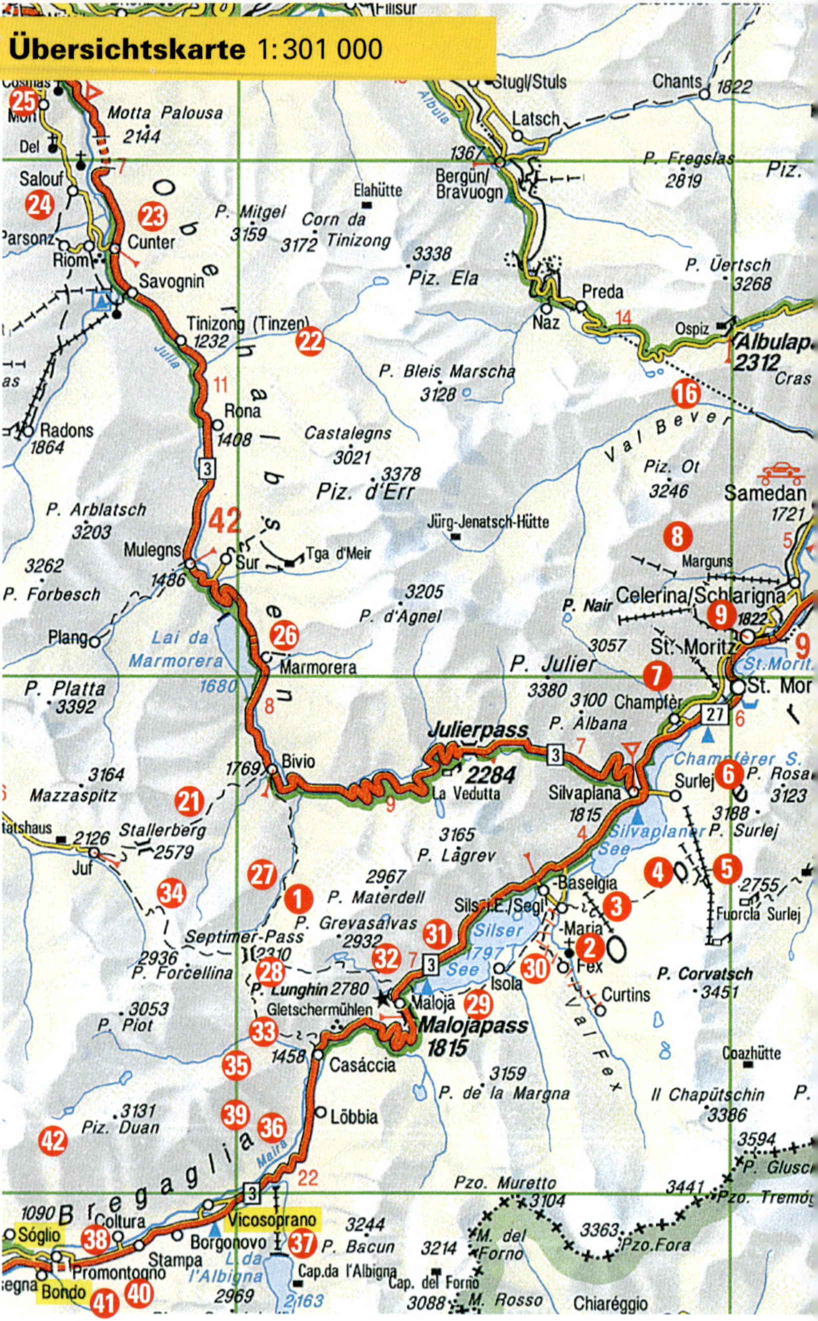

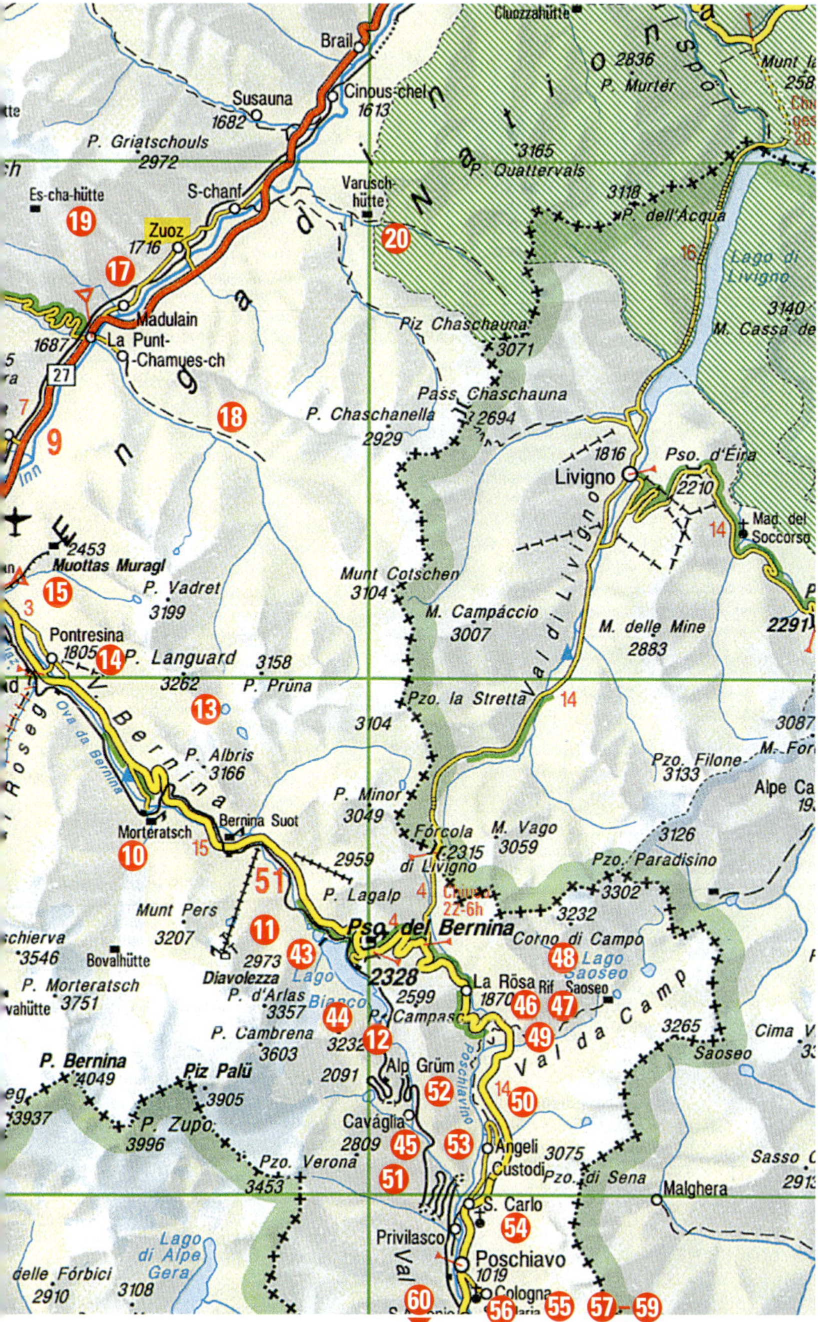

Cluozzahütte
Brail
Susauna
1682
Cinous-chel
1613
P. Griatschouls
2972
2836
P. Murtèr
Munt la
3165
P. Quattervals
Es-cha-hütte
S-chanf
Varusch-hütte
3118
P. dell'Acqua
Zuoz
1716
Lago di Livigno
Madulain
La Punt-Chamues-ch
1687
Piz Chaschauna
3071
3140
M. Cassa del
Pass Chaschauna
2694
P. Chaschanella
2929
1816
Livigno
Pso. d'Eira
2210
Mad. del Soccorso
Inn
2453
Muottas Muragl
P. Vadret
3199
Munt Cotschen
3104
M. Campàccio
3007
M. delle Mine
2883
2291
Pontresina
1805
P. Languard
3262
3158
P. Prüna
Pzo. la Stretta
3104
Val di Livigno
3087
Pzo. Filone
3133
Alpe Ca
V. Bernina
Ova da Bernina
P. Albris
3166
P. Minor
3049
Morteratsch
Bernina Suot
Fórcola di Livigno
2315
M. Vago
3059
3126
Pzo. Paradisino
2959
P. Lagalp
Chiuso 22-6h
3302
Munt Pers
3207
3232
Pso. del Bernina
2328
Corno di Campo
3546
Bovalhütte
2973
Diavolezza
Lago Bianco
Lago Saoseo
La Rösa
1870
Rif. Saoseo
P. Morteratsch
3751
P. d'Arlas
3357
2599
P. Campasc
P. Cambrena
3603
3232
Val da Camp
3265
Saoseo
Cima V
P. Bernina
4049
Piz Palü
3905
2091
Alp Grüm
Poschiavino
3937
P. Zupò
3996
Cavàglia
2809
Angeli Custodi
3075
Pzo. di Sena
Sasso C
2913
Pzo. Verona
3453
Malghera
S. Carlo
Privilasco
Lago di Alpe Gera
Val
Poschiavo
1019
delle Fòrbici
2910
3108
Cologna
27
1 3 4 5 7 9 10 11 12 13 14 15 16 17 18 19 20 43 44 45 46 47 48 49 50 51 52 53 54 55 56 57–59 60

Routenverzeichnis

Nach Ausgangspunkten geordnet. Die angegebenen Zeiten sind reine Marschzeiten. Rastzeiten sind nicht eingerechnet.
Die Routenkarten sowie die **Wanderkarte Oberengadin/Engiadin'Ota** 1:60 000 (Kümmerly+Frey/BAW Bündner Wanderwege) erlauben die Kombination mehrerer Routen.

GEBIET OBERENGADIN:

Maloja–Sils–Silvaplana

Nr.	Route	Wanderzeit	Seite
1	**Wandern auf den Spuren berühmter Leute** Maloja–Pass Lunghin–Pass da Sett–Fumia–Bivio	5h	14
2	**Wo der Hufschlag den Takt angibt** Sils Maria–Val Fex–Sils Maria	4h30	16
3	**Eine Kostprobe aus dem Garten Eden erhaschen** Furtschellas–Val Fex–Sils Maria	2h30	18
4	**Die prächtige Aussicht geniessen** Furtschellas–Murtèl–Fuorcla Surlej	3h	20
5	**Ein besonders eindrücklicher Hüttenzauber** Murtèl–Fuorcla Surlej–Chamanna Coaz CAS	2h45	22
6	**Uralte knorrige Arven säumen den Weg** Murtèl–Lej dals Chöds (Hahnensee)–Pontresina	5h	24

St. Moritz

Nr.	Route	Wanderzeit	Seite
7	**Eine ideale Kulisse für Filmaufnahmen** Signal–Sils Baselgia–Grevasalvas–Maloja («Via Engiadina»)	5h45	28
8	**Bunte Steine locken ins einsame Tal** Corviglia–Fuorcla Valetta–Samedan	4h45	30
9	**Im alten Bergwald Ruhe und Erholung finden** St. Moritz–Muottas da Schlarigna–St. Moritz	3h45	32

Pontresina

Nr.	Route	Wanderzeit	Seite
10	**Eine Wanderung mit vielen Überraschungen** Pontresina–Morteratsch–Chamanna da Boval CAS	3h45	36
11	**Die Farben der Seen verraten die Herkunft des Wassers** Diavolezza–Lej d'Arlas–Ospizio Bernina	2h45	38
12	**In der Tiefe lockt das sonnige Puschlav** Ospizio Bernina–Sassal Mason–Alp Grüm	2h45	40
13	**Rauhe Gebirgslandschaft zeigt ihre Schönheit** Alp Languard–Fuorcla Pischa–Bernina Suot	5h	42
14	**Die Bernina-Gruppe gleicht einem offenen Buch** Alp Languard–Chamanna Paradis–Muottas Muragl	5h	44
15	**Nirgends zeigt sich das Seenplateau schöner** Muottas Muragl–Höhenweg–Alp Languard	2h	46

Celerina–Samedan–Bever

16	**Auf den Spuren der Gletscher ins Albulatal** Bever–Fuorcla Crap Alv–Preda	6h	50
17	**Ein Maler hätte Freude an den vielen Aussichtspunkten** Bever–Zuoz–Cinuos-chel («Via Engiadina»)	6h30	52

La Punt–Zuoz–S-chanf

18	**Der alte Transitweg führt in den Süden** La Punt–Val Chamuera–Bernina Suot	8h30	58
19	**Auf der Berghütte die Aussicht geniessen** Zuoz–Chamanna d'Es-cha CAS–La Punt	6h	60
20	**Unberührte Natur – der Nationalpark** S-chanf–Val Trupchun–S-chanf	5h20	62

GEBIET SURSES:

Surses

21	**Wo früher die Pferde gewechselt wurden** Bivio–Stallerberg–Val da Faller–Mulegns	6h	66
22	**Bergwandern für Fortgeschrittene** Tinizong–Val d'Err–Pass d'Ela–Filisur	8h30	68
23	**Die wiedererstandene Stadt «Tect»** Savognin–Muntschect–Promastgel–Motta Palousa	3h15	70
24	**Rundtour zum höchstgelegenen Wallfahrtsort Europas** Salouf–Munter–Ziteil	3h45	72
25	**Abseits der Verkehrsströme** Tiefencastel–Stierva–Sur Coual–Obermutten	4h45	74
26	**Alp Flix, vor Jahrhunderten Heimat der Walser** Bivio–Alp Natons–Salategnas–Alp Flix	3h15	76
27	**Zu Besuch im Avers bei den Walsern** Bivio–Forcellina–Stallerberg–Bivio	8h15	78
28	**Als Bischöfe noch Strassen bauen liessen** Bivio–Tgavretga–Pass da Sett–Casaccia	4h30	80

GEBIET BERGELL:

Maloja–Casaccia

29	**Zur Bergeller Sommersiedlung am Silsersee** Maloja–Isola–Sils (Segl Maria)	1h40	84
30	**Zwei stille Bergeller Täler im Engadin** Maloja–Val Fedoz–Val Fex–Sils (Segl Maria)	2h20	86
31	**Oberengadiner Seenpromenade** Maloja–Blaunca–Grevasalvass–Sils (Segl Baselgia)	2h	88
32	**Aussichtskanzel zwischen Bergell und Engadin** Maloja–Pass Lunghin–Piz Lunghin–Pass da Sett–Casaccia	6h30	90

33	**Unterwegs auf alten Handelsrouten** Casaccia–Val Maroz–Pass da Sett–Bivio (1. Etappe)	4h50	92
34	**Berühmte Pässe und eine berühmte Wasserscheide** Bivio–Stallerberg–Juf–Pass Forcellina–Pass Lunghin– Maloja (2. Etappe)	8h30	94
35	**Stille Täler hoch über dem Bergell** Casaccia–Val Maroz–Val da Cam–Cadrin–Soglio	5h30	96
36	**«La Panoramica», Königsweg unter den Höhenwegen** Casaccia–Roticcio–Durbegia–Soglio	5h	98

Vicosoprano–Castasegna

37	**Gletscher, Granitberge und ein Stausee** Vicosoprano–Lago da l'Albigna–Capanna da l'Albigna SAC	4h40	102
38	**Aussichtsreich über Wiesen und durch Wälder** Vicosoprano–Borgonovo–Stampa–Soglio	2h	104
39	**Zu den Hirschen im Val Furcela** Vicosoprano–Roticcio–Val Furcela–Casaccia	5h30	106
40	**Mitten in den Felsenzirkus der Bergeller Kletterberge** Promontogno–Val Bondasca–Capanna di Sciora SAC	3h30	108
41	**An den Fuss des Pizzo Badile** Promontogno–Capanna Sasc Furä SAC	3h	110
42	**Zu den Walsern ins Avers** Soglio–Dair–Pass da la Prasignola (Prasgnola)–Val Madris Avers Cröt	9h	112

GEBIET PUSCHLAV/VALPOSCHIAVO:

Rund um die Bernina

43	**Im Banne der vergletscherten Bernina-Gruppe** Diavolezza–Val d'Arlas–Lej Pitschen–Lago Bianco– Ospizio Bernina	2h45	116
44	**Blumenpracht und Gletschermilch** Ospizio Bernina–Lej Nair–Scala–Sassal Mason–Alp Grüm	2h45	118
45	**Mehr als Nachschubweg für Veltlinerwein** Ospizio Bernina–Scala–Alp Grüm–Cavaglia–Cadera–Poschiavo	4h	120

Wege ins Val da Camp

46	**Leuchtende Bergseen locken** La Rösa–Salva–Terzana–Lagh da Saoseo–Lungacqua–Salva–Sfazù	3h45	124
47	**Bergsturz als genialer Landschaftsgestalter** Sfazù–Mottacalva–Lungacqua–Lagh da Val Viola–Saoseo–Terzana–Sfazù	5h30	126
48	**Auch die Steinböcke lieben die Abgeschiedenheit** Sfazù–Mottacalva–Lungacqua–Camp–Val Mera–Lagh da Roan	3h45	128
49	**Wasserläufe, Quellen und Felsblöcke säumen den Weg** Pozzulasc–Doss–Terzana–Saoseo–Lagh da Saoseo–Lagh da Val Viola	3h	130
50	**Wo das Birkhuhn noch anzutreffen ist** Sfazù–Terzana–Aurafreida–Urezza–S. Carlo–Poschiavo	5h30	132

Von der Berninabahn aus

51	**Rauschende Wälder, grüne Wiesen und wilde Bäche als Begleiter** Alp Grüm–Cavaglia–Varuna–Braita–Val–Selva–Punt–Val Pedenal–Poschiavo	6h	136
52	**Das Wild mit dem Teleobjektiv «erlegen»** Cavaglia–Lagh da l'Ombra–Prairol–Puntalta–Cavaglia	3h	140
53	**Die Spuren der Gletscherarbeit sind sichtbar** Cavaglia–Puntalta–La Scera–Angeli Custodi–S. Carlo–Poschiavo	2h40	142

Im Herzen des Puschlavs

54	**Im Kalkgestein wachsen seltene Alpenpflanzen** S. Carlo–Curvera–Cansumé–Gugliel–Cologna–Poschiavo	4h50	146
55	**Der hl. Romerius sitzt auf dem Logenplatz des Tales** Poschiavo–Cologna–Barghi–San Romerio–Frendül–Irola–Viano–Brusio	6h45	148
56	**Durch malerische Ortschaften und dem Ufer entlangwandern** Poschiavo–Cologna–Prada–Canton–Miralago	2h15	152

Reizvolles unteres Puschlav

57	**Von der Wiege des Tourismus in den sonnigen Süden** Le Prese–Caneu–Miralago–Brusio–Zalende–Campocologno	3h30	156
58	**Auf den Spuren der Schmuggler** Brusio–Ginet–Viano–La Dogana–Baruffini (I)–Tirano (I)	5h	158
59	**Jedes durchquerte Tobel bietet neue Überraschungen** Viano–La Dogana–Tegial–Grüm Sot–Salina–Stablina–Predasc–Zavena–Viano	4h30	160
60	**Der steile Weg diente früher als Verbindung zum Bergdorf** Campascio–Brata–Cavaione–Scala–Campocologno	4h15	162

BAW Wanderweg-Markierung

Die im Kanton Graubünden, im Auftrag von Kanton und Gemeinden, abgestützt auf das Bundesgesetz für Fuss- und Wanderwege durchgeführten Signalisationprojekte lassen Wandern in unserem Kanton zum reinen Vergnügen werden.

Wanderzeiten: Die angegebenen Marschzeiten sind Richtzeiten ohne Marschhalte.

Wanderweg

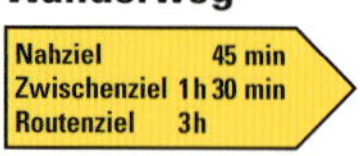

Wege für jedermann. Können ohne besondere Gefahren mit gewöhnlichem Schuhwerk begangen werden.
Markierung: gelb.

Bergwanderweg

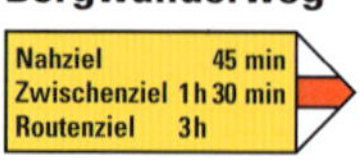

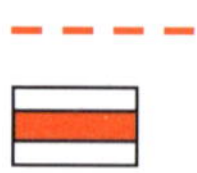

Wege für bergtüchtige Wanderer. Zur Ausrüstung gehören wetterfeste Kleidung und geeignete Schuhe mit griffiger Sohle.
Markierung: weiss-rot-weiss.

Alpine Routen

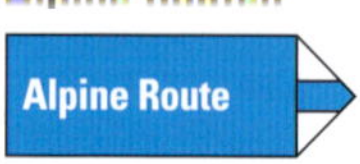

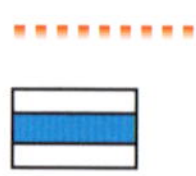

Wege mit alpinen Gefahren. Leichte Kletterstellen oder Gletschertraversierungen. Alpine Ausrüstung.
Markierung: weiss-blau-weiss.

Standorttafel

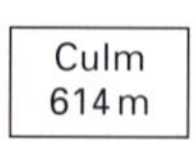

Die Standorttafel enthält den jeweiligen Orts- oder Flurnamen sowie die Höhenangaben in Meter über Meer.

Wanderroute

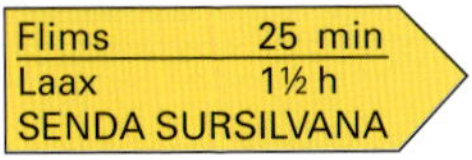

Die Wanderrouten, wie durchgehend zusammenhängende Höhenwege, Talrouten, Panoramawege usw., werden als letzte Zeile in 20-mm-Grossbuchstaben auf dem Wegweiser aufgeführt.

Achtung! Keine Wanderweg-Markierung
Bezeichnung der Wildschutzgebiete
Markierung: gelb-rot.

BAW Bündner Wanderwege, Geschäftsstelle, Kornplatz 12, 7000 Chur
Tel. 081 258 34 00, Fax 081 258 34 01
info@buendnerwanderwege.ch, www.buendnerwanderwege.ch

Wunderschöne, gut erhaltene Engadinerhäuser säumen das Dorfbild von Bever, dominiert vom schlanken Kirchturm.

Zeichenerklärung

Legende zu den Routenkärtchen und zu den Profilen:

- Bahn
- Bus
- Schiff
- Standseilbahn
- Luftseil-, Gondelbahn
- Sesselbahn
- Stadt oder Dorf
- Weiler
- Einzelgebäude
- Gasthaus mit Betten Nachtlager
- Schloss
- Ruine
- Wald
- Aussichtspunkt
- Denkmal

Maloja–Sils–Silvaplana: Routen 1–6

MALOJA

Maloja liegt auf 1815 m ü.M. am Südende des Silsersees am Talabfall, der das Oberengadin vom Bergell trennt. Geografisch gehört Maloja zum Oberengadin, politisch hingegen zur Gemeinde Stampa und somit zum Bergell.
Maloja war früher nicht die Bezeichnung einer Ortschaft, sondern die eines Passübergangs. Im Gegensatz zu den benachbarten Gebirgsübergängen, die bereits von den Römern benutzt wurden, sind verlässliche Quellen für den Malojapass aus dieser Zeit nicht vorhanden.
Der Name Maloja greift auf die Sprache der Hirten des angrenzenden Veltlins zurück. Diese kamen aus Tradition jeden Sommer mit dem Vieh auf die Alpen; diese Alpenperle nannten sie «Malos». Von diesem Wort stammt der Name Maloja, der «Erlenwäldchen» bedeutet.
Dank dem Pioniergeist des belgischen Grafen Camille de Renesse, der gegen Ende des 19. Jh. von der grandiosen Bergwelt Malojas überwältigt war, konnte sich Maloja langsam von einer Passstrasse zu einer Ortschaft entwickeln.

SILS

Die Gemeinde besteht aus zwei Dorfteilen: Die Agglomeration Sils Maria liegt auf der rechten Talseite, am Rande der grossen Ebene, die sich vom Silsersee zum Silvaplanersee erstreckt; Sils Baselgia mit seiner malerischen Kirche liegt am Abfluss des Silsersees.
Erstmals ist Sils in der karolingischen Zeit erwähnt. Im Mittelalter lag das Dorf wegen seiner Transportrechte in scharfer Konkurrenz zu Silvaplana. Die Fischerei, von der das Bistum Chur grosse Abgaben bezog, bildete eine wichtige Erwerbsquelle. Noch im 18. Jh. wurden grosse Mengen eingesalzener Fische nach Italien exportiert.
Die grossen Hotels entstanden um die Jahrhundertwende.
Sils wurde zu einem bekannten Sommer- und Winterkurort.
Sils Maria war der Lieblingsaufenthaltsort des Schriftsteller-Philosophen Friedrich Nietzsche, der hier 1881–1889 die Sommermonate verbrachte.

SILVAPLANA

Silvaplana (rätoromanisch: Silvaplauna) verdankt seinen Namen einem Föhrenwäldchen, das sich früher unterhalb des Dorfes gegen das Seeufer hin befand. Wie am Dorfbild sofort zu ersehen ist, sind die Häuser – mit wenigen Ausnahmen – nicht sehr alt. Das eigentliche Dorf befand sich früher im sonnigen und windgeschützten Surlej.
In Silvaplana selber fanden vor allem die Säumer und ihre Tiere Unterkunft, später die Postfahrgäste, die Kaufleute und Händler, die über den Maloja- und den Julierpass kamen. Im Jahr 1793 wurde Surlej von einer grossen Rüfe fast ganz verschüttet und das Land überschwemmt.
Die Bevölkerung flüchtete nach Silvaplana, wo sie ihre neuen Häuser erstellte.
Auf dem Gemeindegebiet von Silvaplana gibt es drei Kirchen. Die reformierte Kirche ist ein Werk des bedeutenden Tiroler Baumeisters Steffan Klain und wurde im Jahre 1491 fertiggestellt (1233 erstmals erwähnt). In Champfèr steht die Kirche San Roc, die im Jahre 1521 erbaut wurde. Seit 1962 hat Silvaplana auch eine katholische Kirche. Auch das alte Pfarrhaus hat seine Geschichte. Wahrscheinlich wurde dort Jürg Jenatsch geboren; auf alle Fälle hat er in Silvaplana seine Jugendjahre (1599–1612) verbracht.

1 Das Dach Europas erklimmen

5h Maloja–Pass Lunghin–Pass da Sett–Bivio

Wanderung vom Engadin ins Surses vorbei an der Quelle des Inns über den Septimerpass.

Von der Post ***Maloja*** geht man entlang der Hauptstrasse Richtung St. Moritz; nach 250 m zweigt links ein markierter Fussweg ab. Nach kurzem Aufstieg erreicht man die Feldstrasse, der man zum Weiler ***Pila*** folgt. Hier biegt man nach rechts ab, und bald überquert man den jungen Inn. Im Zickzack führt der Wanderweg über leicht bewaldete Felsköpfe steil aufwärts. Bei der Kreuzung Plan di Zoch (1945 m) folgt man links dem Wanderweg hinauf zum Bergsee ***Lägh dal Lunghin.*** Von hier aus bietet sich die Aussicht auf den Silsersee mit der Berninagruppe im Hintergrund, ins gegenüberliegende Val Forno und auf die Bergeller Kletterberge.

Der Fluss En (Inn), der dem Engadin seinen Namen gibt, hat seinen Ursprung im Lägh dal Lunghin. Der Inn fliesst durch das ganze Engadin, verlässt bei Martina die Schweiz, mündet in Passau in die Donau und gelangt mit ihr ins Schwarze Meer.

Zwischen dem Piz Lunghin und dem Piz Grevasalvas führt der Weg auf den ***Pass Lunghin.*** Von dieser Wasserscheide aus, oft auch «das Dach Europas» genannt, gelangt der Inn ins Schwarze Meer im Osten, die Maira über den Po ins Adriatische Meer im Süden und die Julia (Gelgia) über den Rhein zur Nordsee im Norden. Die bessere Aussicht bietet sich auf dem Piz Lunghin, welchen man in 25 Min. über einen gut sichtbaren Pfad erreichen könnte.

Auf einem leichten Abstieg gelangt man zum Bergweg des ***Pass da Sett*** (Septimerpass). Zur Römerzeit war der Septimerpass ein wichtiger Übergang von Casaccia nach Bivio. Mit dem Ausbau des Julierpasses im 19. Jh. verlor der

GLETSCHERMÜHLEN. Die 36 Gletschermühlen beim Turm Belvedere von Maloja wurden erst 1884 entdeckt. Die grösste hat einen Durchmesser von 6 m und erreicht eine Tiefe von 11 m. Nirgendwo sonst in den Alpen wurden so grosse Gletschermühlen entdeckt. Gletschermühlen sind Zeugen der unermüdlichen Arbeit des Wassers, welches durch die Gletscherspalten in die Tiefe stürzte und Steine in Rotation versetzte. Diese harten Felsbrocken haben wie Mühlsteine im Wirbel des Wassers die Gletschermühlen in den felsigen Untergrund geschliffen.

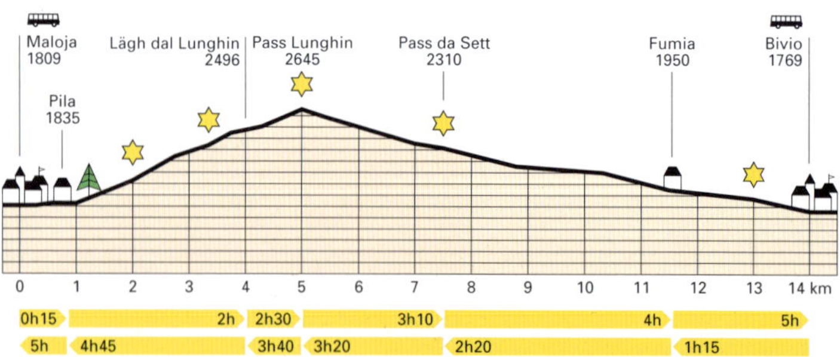

Septimer an Bedeutung. Rechts auf dem breiten Bergweg gelangt man über die Alp da Sett hinunter ins Val Tgavretga und folgt dem Bachlauf der Eva dal Sett über die Ebene Plang Camfer. An einzelnen Maiensässen und dem Weiler ***Fumia*** vorbei erreicht man über einen leichten Abstieg die Gemeinde ***Bivio.***

Unterhalb des Pass Lunghin, der sowohl Wetter- wie Wasserscheide ist, treffen wir auf den wunderschönen Lägh dal Lunghin auf einer Höhe von 2484 m. Der Wanderweg von Maloja auf den Pass Lunghin wurde schon vor über 100 Jahren als wichtiger Wanderweg für die Gäste im Hotel Maloja Palace sehr gut ausgebaut.

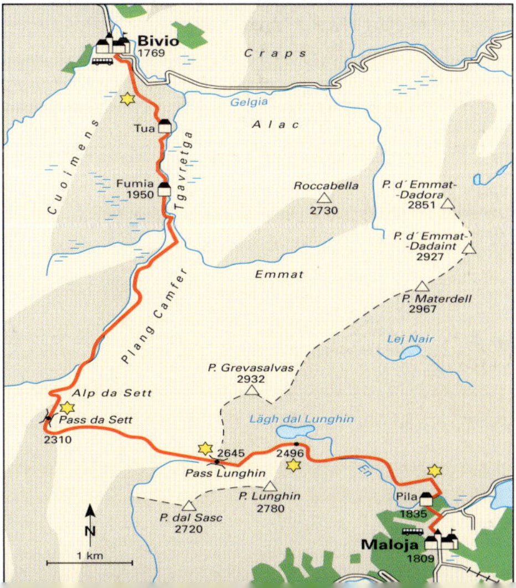

2 Wo der Hufschlag den Takt angibt

4h30 Sils Maria–Val Fex–Sils Maria

Ausflug von Sils durch das zauberhafte Val Fex bis an den Gletscherrand.

Von der Post in ***Sils Maria*** geht man in südlicher Richtung bis zum Dorfplatz, wo die Route links abbiegt und durch die Schlucht der Fedacla aufwärts nach ***Platta*** ins Val Fex führt.

VAL FEX wird mit «Schaftal» übersetzt. In einer lateinischen Urkunde aus dem Jahre 1303 heisst es «in valle dicta Fedes». Später wurde Feet oder Feitztal geschrieben, schliesslich Fex. Zu erwähnen sind auch die Fexerplatten, ein alter Glimmerschiefer aus dem hinteren Fextal, der für die meisten Häuser in Sils als Dachbedeckung verwendet wurde.

Man durchwandert hier eine Ebene mit schönen alten Häusern, und nach der Überquerung des Baches geht es aufwärts zum Weiler ***Crasta.***
Hier steht eine malerische kleine Kirche aus dem 15. Jh., in der man wunderbare Wandbilder vom ausgehenden 15. Jh. besichtigen kann.
Nun wandert man auf der Fexerstrasse weiter über ***Curtins*** zum Hotel Fex. Dann folgt man 800 m dem Alpweg bis zur Brücke über den Bach Fedacla. Weiter geht es auf der anderen Bachseite aufwärts, um den Hügel Muot Selvas zur Gletscherebene ***Plaun Vadret.*** Hier endet der markierte Weg, und es öffnet sich der Blick links zum Piz Tremoggia und rechts zum Piz Fora mit den Gletschermulden im Vordergrund.

Beim *Rückweg* zweigt der Wanderweg nach dem Hügel Muot Selvas links ab, und anstatt entlang dem Bach abzusteigen, folgt man dem leicht ansteigenden Weg zur ***Alp da Segl.*** Von hier geht es

Die Engadinerhäuser sind gekennzeichnet durch ihre handwerklich sehr wertvollen Sgraffiti.

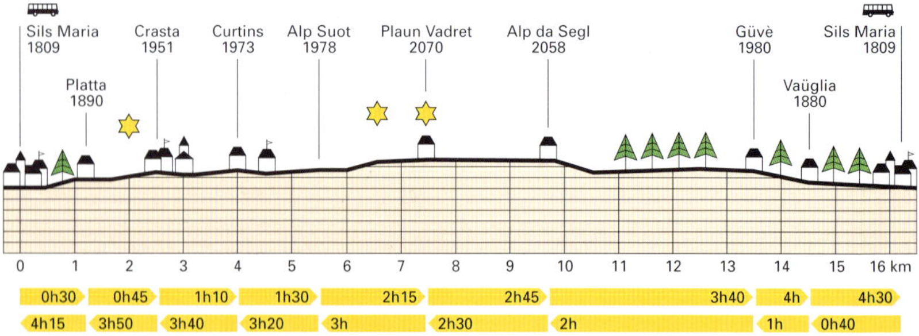

Das Val Fex mit seiner intakten Natur bietet für den müden Wanderer ein sehr grosses Erholungspotential. Die regelmässig verkehrenden Postkutschen werden vom Wanderer gerne in Anspruch genommen.

talwärts, und auf der Höhe des Hotels Fex zweigt man links ab und wandert weiter auf der bewaldeten linken Talseite über Chalchera und ***Güvè*** nach ***Vaüglia*** hinunter. Über die Fahrstrasse gelangt man zurück nach ***Sils Maria.***

Gasthäuser unterwegs
Fex
Hotel Sonne,
Tel. 081 826 53 73
Pension Crasta,
Tel. 081 826 53 92
Hotel Fex,
Tel. 081 826 53 55

Pferdekutsche

Es besteht die Möglichkeit, vom Hotel Fex aus mit der Pferdekutsche nach *Sils Maria* zurückzukehren.

3 Eine Kostprobe aus dem Garten Eden erhaschen

2h30 Furtschellas–Val Fex–Sils Maria

Bergwanderung über einen schönen Aussichtspunkt.

Von der Post *Sils Maria* geht man zur Talstation der ***Furtschellas***-Luftseilbahn. Mit dieser fährt man zum Ausgangspunkt hinauf. Oberhalb der Bergstation sante Steine betrachten. Hinter dem Weiler Curtins gelangt man auf die Fexerstrasse, der man talauswärts nach ***Crasta*** folgt.

Pflanzenwelt. Das Oberengadin zählt, was die Flora anbelangt, zu den artenreichsten und pflanzengeographisch interessantesten Gebieten der Alpenkette. Es liegt in der subalpinen und alpinen Stufe. Seine Blütenpflanzen sowie die übrige Vegetation unterscheiden sich in mehrfacher Weise von jener anderer Alpentäler. Geradezu überwältigend präsentiert sich die Flora im Frühling unmittelbar nach der Schneeschmelze mit weissen Krokusfeldern, Soldanellen, Enzianen, Anemonen usw., und während der Sommermonate verwandeln sich die Wiesen in prächtige Blumengärten.

Furtschellas (Prasüra) zweigt der Weg nach rechts ab. Nach kurzem Aufstieg und folgendem leichtem Abstieg erreicht man den schönen Aussichtspunkt ***Marmorè.*** Es bietet sich die Sicht über das Seenplateau zu den Gipfeln des Piz Duan, Lunghin, Lagrev, Polaschin, Güglia und Albana. Nach links öffnet sich das Val Fex mit dem Bach Fedacla. Im Hintergrund erheben sich die Bergspitzen Chapütschin, Tremoggia mit seinem breiten Gletscher, Fora, Güz, Led und Salatschina.

Der *Abstieg* nach ***Curtins*** im Val Fex erfolgt auf einem schönen Wanderweg. Der aufmerksame Wanderer kann am Wegrand unzählige Blumen und interes-

Die Bergstation der 1972 erbauten Furtschellasbahn ist ein idealer Ausgangspunkt für Wanderungen in Richtung Val Fex sowie in Richtung Silvaplana und Fuorcla Surlej.

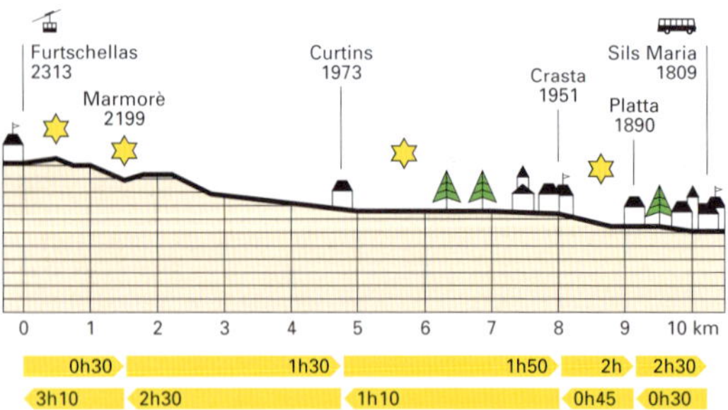

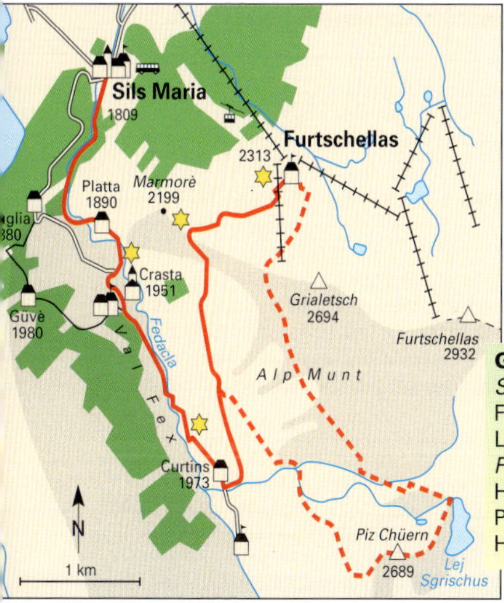

Die Bergkirche stammt aus dem 15. Jh. und birgt im Innern sehenswerte Fresken.

Nach Crasta steigt man in die Ebene ab, überschreitet den Bach und zieht an den schönen alten Häusern von ***Platta*** vorbei. Ein romantischer Weg durch die Schlucht der Fedacla führt zurück nach ***Sils Maria.***

Gasthäuser unterwegs

Sils i.E.

Furtschellas Bergrestaurant
La Chüdera, Tel. 081 826 54 77

Fex

Hotel Sonne, Tel. 081 826 53 73
Pension Crasta, Tel. 081 826 53 92
Hotel Fex, Tel. 081 826 53 55

4 Die prächtige Aussicht geniessen

3h Furtschellas–Murtèl–Fuorcla Surlej (Val Roseg/Pontresina)

Höhenwanderung an kleinen Bergseen vorbei zum bekannten Übergang Fuorcla Surlej.

Von der Post Segl Maria wandert man zur Talstation der ***Furtschellas***-Luftseilbahn und fährt mit dieser hinauf zum Ausgangspunkt. Oberhalb der Bergstation Furtschellas (Prasüra) zweigt der Weg links ab und führt über Felsbänder zum Hochplateau ***Ils Lejins.*** Zwischen diesen kleinen Bergseen führt der Weg am Fusse des Piz Corvatsch weiter, überquert den Rabgiusa-Bach und erreicht im leichten Aufstieg die Anhöhe Curtinella. Hier ist man bereits im Skigebiet der Corvatsch-Bahn.
Nun folgt man dem markierten Weg talwärts. In einer Mulde führt der Weg nach rechts unter dem Skilift Curtinella hindurch, wo er nach 200 m auf den Wanderweg von Sils trifft. Diesem folgt man nach rechts über einen kleinen Bach bis zur breiten Skipiste. Von hier folgt man der Skipiste bis zur Anhöhe unter der Seilbahn. Hier zweigt rechts der markierte Wanderweg zur Mittelstation ***Murtèl*** ab. Von der Mittelstation aus führt Richtung Osten, unter dem Skilift rechts, ein breiter Weg zum Übergang ***Fuorcla Surlej,*** wo sich ein Berggasthaus befindet.
Bei dem Sattel öffnet sich der Blick auf die ganze Berninagruppe mit den berühmten Gipfeln Piz Tschierva, Morteratsch, Bernina, Scerscen, Roseg, Sella,

LANDWIRTSCHAFT. Heute wird hier wie früher ausschliesslich Viehzucht und Milchwirtschaft betrieben. Neben dem Grossvieh wurden von jeher viele Schafe gehalten. Mit seinem schmackhaften Fleisch, seiner warmen Wolle und seiner grossen Bescheidenheit puncto Fütterung und Weidgang blieb das Schaf lange Zeit das begehrteste Tier dieses Tales. Durch die sinnvolle Bewirtschaftung des Bodens und die Pflege der Landschaft bleibt die Umgebung erhalten.

Gasthäuser unterwegs
Sils i.E.
Furtschellas Bergrestaurant
La Chüdera, Tel. 081 826 54 77
Silvaplana
Restaurant Mittelstation Corvatsch,
Tel. 081 838 73 83
Berghaus Fuorcla Surlej,
Tel. 081 842 63 03

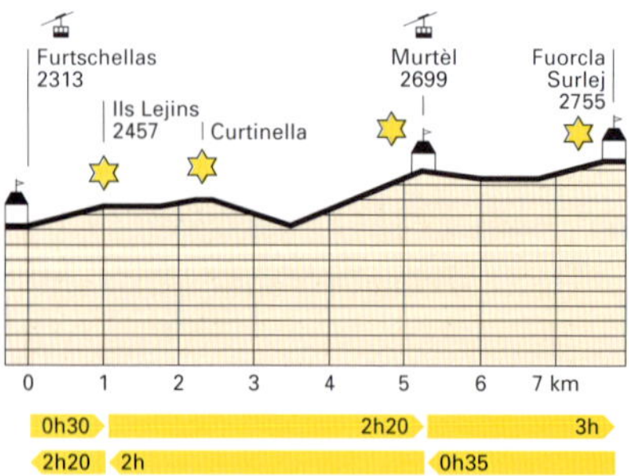

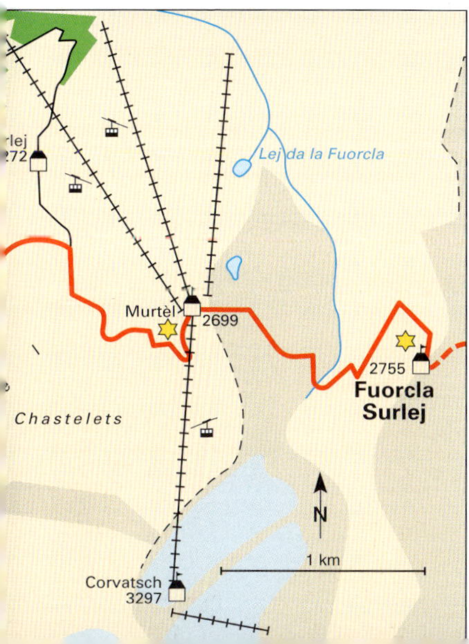

Der Ausblick von der Fuorcla Surlej lässt den Wanderer angesichts der imposanten Kulisse der Berninagruppe verstummen. Von links nach rechts Piz Bernina, 4049 m, Piz Scerscen, 3971 m, Piz Roseg, 3937 m.

Glüschaint und Chapütschin. Hier oben wird man gewiss länger als üblich rasten oder sich im Bergrestaurant verpflegen (evtl. Abstieg Val Roseg/Pontresina ca. 3h30).

Rückweg

Den Rückweg kann man auf demselben Weg antreten, oder man fährt mit der Luftseilbahn Corvatsch bis ins Tal nach Surlej, wo man in das Postauto nach *Sils Maria* einsteigen kann.

5 Ein besonders eindrücklicher Hüttenzauber

2h45 Murtèl–Fuorcla Surlej–Chamanna Coaz CAS

Leichte Bergwanderung inmitten der Gletscherriesen.

Zu Fuss, mit dem eigenen Fahrzeug oder mit dem Postauto erreicht man ob Surlej die Talstation der Luftseilbahn Corvatsch. Mit dieser gelangt man zum Ausgangspunkt der Wanderung, der Mittelstation ***Murtèl.*** Von hier führt Richtung Osten, unter dem Skilift rechts, ein breiter Weg zum Übergang ***Fuorcla Surlej.*** Hier öffnet sich der Blick auf die Gipfel von Piz Tschierva, Morteratsch, Biancograt, Bernina, Scerscen, Roseg, Sella, Glüschaint, La Muongia und Chapütschin.

DIE ERSCHLIESSUNG DER BERNINA-GRUPPE. Verglichen mit Mont-Blanc oder Jungfrau erfolgte die Erschliessung der Engadiner Gipfel mit einigen Jahren Verspätung. Der Piz Bernina (4049 m), der einzige Viertausender des Kantons Graubünden, wurde erst am 13. September 1850 vom eidgenössischen Topographen Johann Coaz (1821–1918) mit Jon und Lorenz Ragut Tscharner erstiegen. Ihre Ausrüstung bestand aus einem Beil zum Schlagen der Tritte, einem Seil, Bergstöcken sowie Verpflegung für einen Tag. Eine Übernachtung war nicht eingeplant. Die Seilschaft verliess Bernina Suot morgens um 6 Uhr und kam um 6 Uhr abends auf dem Gipfel an. Sie stieg über den ganzen Vadret da Morteratsch durch das «Labyrinth» und schliesslich über den Ostgrat auf. Nachts um 2 Uhr kamen sie wieder in den Berninahäusern an.

Vom Berggasthaus wandert man in südlicher Richtung den Gletschern entgegen. Der Weg führt erst durch eine Mulde, dann durch die Halden des Piz Murtèl und des Piz Corvatsch über den ***Vallun dal Murtèl,*** einen Bergbach, der im Sommer recht stark anschwellen kann. Danach geht es über die Ebene des ***Plaun dals Süts*** zur ***Chamanna Coaz CAS.*** Die bewirtschaftete SAC-Hütte liegt auf dem Felskopf, unmittelbar am Roseggletscher. Nun sieht man das ganze Berninamassiv aus einer anderen Perspektive. Über dem Gletscher zeigen sich die Spitzen der Sellagruppe, und der Piz Corvatsch auf der linken Talseite rundet das Bild ab. Im Tal sieht man den Rosegsee, der direkt vom Gletscher gespeist wird. Ab und zu kann man beobachten, wie riesige Eisschollen abbrechen und ins Wasser stürzen.
Der Weg von der Hütte zum See ist nur sehr guten Berggängern zu empfehlen.

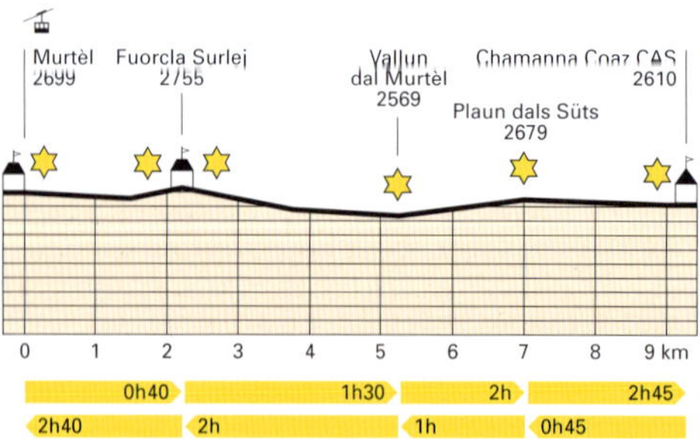

Gasthäuser unterwegs
Silvaplana
Rest. Mittelstation Corvatsch,
Tel. 081 838 73 83
Berghaus Fuorcla Surlej,
Tel. 081 842 63 03
Chamanna Coaz CAS,
Tel. 081 842 62 78

Auf dem schön angelegten Bergwanderweg von der Fuorcla Surlej zur Chamanna Coaz CAS geniessen wir durchwegs einen überwältigenden Ausblick auf die Bernina- und Sellagruppe. Im Hintergrund der dominierende Gipfel Piz Glüschaint, 3594 m.

Die der SAC-Sektion Rätia gehörende Chamanna Coaz CAS, 2610 m, wird von Wanderern und natürlich auch von Alpinisten sehr gerne aufgesucht.

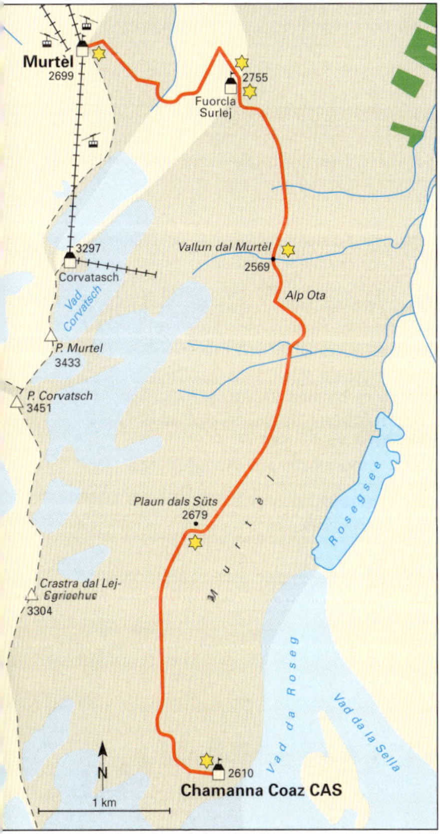

Rückweg

Zurück gelangt man auf derselben Strecke zur *Fuorcla Surlej* und dann zur Mittelstation *Murtèl.* Um ins Val Roseg hinunterzusteigen, zweigt man kurz vor dem *Vallun dal Murtèl* rechts ab.

6 Uralte knorrige Arven säumen den Weg

5h Murtèl–Lej dals Chöds (Hahnensee)–Pontresina

Anspruchsvolle Bergwanderung auf dem Höhenweg vorbei am Hahnensee nach Pontresina.

Zu Fuss, mit dem eigenen Fahrzeug oder mit dem Postauto erreicht man ob *Surlej* die Talstation der Luftseilbahn Corvatsch. Mit dieser gelangt man zum Ausgangspunkt der Wanderung, der Mittelstation ***Murtèl.*** Von hier führt Richtung Osten, unter dem Skilift rechts, ein breiter Weg zum Übergang ***Fuorcla Surlej.*** Kurz vor der Höhe wird die Sicht auf den Piz Bernina mit dem berühmten Biancograt frei.

Der Abstieg von der Fuorcla Surlej führt zurück über den Weg gegen die Mittelstation Murtèl. Unterhalb der Fuorcla, bei der letzten Kehre des breiten Weges, zweigt rechts ein Pfad ab. Erst im Zickzack, dann über eine Moorebene zieht sich der Weg hinunter zur Ebene von Margun Vegl. Über Grashalden erreicht man den Felskopf ***Crap Alv,*** einen wunderbaren Aussichtspunkt mit Blick über das ganze Seenplateau. Das Bild wird umrahmt von den Gipfeln Piz La Margna ob Sils, Piz Duan und Lunghin über Maloja, Piz Polaschin, Albana und Güglia über Silvaplana und Piz Nair über Champfèr und St. Moritz.

Der nun folgende Abstieg verläuft durch die Geröllhalde Giand'Alva zu einem Hochmoor und dann hinunter zum ***Lej dals Chöds*** (Hahnensee). Dieser liegt auf einer kleinen Terrasse zwischen urchigen Arven eingebettet und ist ein sehr beliebtes Ausflugsziel.

Nach einer Rast am Seeufer oder im gemütlichen Restaurant wandert man auf dem zwischen Restaurant und See beginnenden Pfad weiter bis kurz vor der Geröllhalde Gianda Naira. Hier zweigt ein Wanderweg nach rechts ab und führt

HOCHMOOR. Dort, wo dem Boden mehr Wasser zugeführt wird, als abfliessen kann, entstehen Moore. Die Hochmoore empfangen das Wasser durch Niederschläge. Durch die Gletscherarbeit entstanden auf felsigem Untergrund viele Vertiefungen, ideale Voraussetzung für Hochmoore. Eingeschwemmte Erde und vermodernde Pflanzenteile ergeben eine nährstoff- und kalkarme Basis für eine artenarme Pflanzenwelt. Vor allem sind es Torfmoose, die an der Oberfläche wachsen, in der Tiefe absterben und den Torf bilden. Die Wollgräser, Seggen und Heidegewächse bilden die typische Pflanzengemeinschaft der Hochmoore.

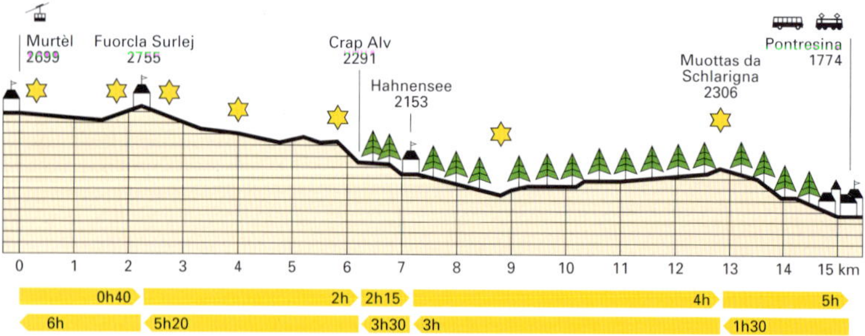

Die Wanderung von der Fuorcla Surlej über den Lej dals Chöds (Hahnensee) nach St. Moritz ist für den Wanderer im Oberengadin beinahe ein Muss.

Gasthäuser unterwegs
Silvaplana
Restaurant Mittelstation
Corvatsch, Tel. 081 838 73 83
St. Moritz
Restaurant Hahnensee, Tel. 081 833 36 34

ziemlich steil zu Pt. 2043 hinauf. Durch lichte Lärchen- und Arvenwälder zieht sich der Weg unter dem Piz Rosatsch aufwärts. Man hat einen wunderbaren Ausblick über St. Moritz, Schlarigna/Celerina und die weite Ebene von Samedan. Kurz vor der höchsten Stelle öffnet sich der Blick gegen Pontresina und das Val Bernina. Wer eine noch bessere Aussicht geniessen möchte, steigt in rund 15 Min. nach ***Muottas da Schlarigna*** (Pt. 2306) auf.

In vielen engen und ziemlich steilen Kehren geht es nun gegen die Ebene Plaun da Staz abwärts. Diese streift man am östlichen Ende. Im Zickzack durch den schönen Stazerwald führt der Wanderweg zu den ersten Häusern von Pontresina und dann oberhalb des Bahnhofs zur Rosegstrasse. Nach dem Bahnübergang geht man dem Fluss entlang zur Hauptstrasse, die nach links zum Bahnhof ***Pontresina*** führt.

Erstmals erwähnt wird St. Moritz 1139 in einer Urkunde, welche den Verkauf des Oberengadins durch den Grafen von Gamertlingen an den Bischof von Chur bestätigt. Seine Bedeutung verdankt St. Moritz ursprünglich seinen Heilquellen, die seit über 3000 Jahren bekannt sind. Bereits im Mittelalter wurde der Ort während des Sommers von Badegästen besucht. 1519 versprach Papst Leo X. sogar jedem gläubigen St. Moritzer Badegast die völlige Absolution. 1830 lebten in St. Moritz allerdings nur 200 Einwohner – es war eines der kleinsten Dörfer der Region. Heute zählt es 5084 Einwohner, dazu kommen in der Saison noch 3000 Angestellte. 1879 wurde das Kulm Hotel vom Hotelpionier Johannes Badrutt mit elektrischer Beleuchtung – der ersten in der Schweiz – versehen. 1896 wurde das erste elektrische Tram von St. Moritz Bad nach St. Moritz Dorf in Betrieb genommen. 1928 und 1948 fanden in St. Moritz die Olympischen Winterspiele statt. Zahlreiche Ski- und Bob-Weltmeisterschaften sowie wintersportliche Grossanlässe sorgten zusammen mit all den berühmten Gästen für den einmalig hohen Bekanntheitsgrad und Prestigewert von St. Moritz auf der ganzen Welt.

7 Eine ideale Kulisse für Filmaufnahmen

5h45 Signal–Sils Baselgia–Grevasalvas–Maloja

Höhenwanderung über die «Via Engiadina».

Die Talstation der Signalbahn in *St. Moritz Bad* erreicht man mit dem Postauto oder dem eigenen Fahrzeug. Mit der Luftseilbahn gelangt der Wanderer nach ***Signal*** hinauf.
Bei der *Bergstation* beginnt die Wanderung in südwestlicher Richtung auf einem breiten Weg über Alpweiden ins Val Suvretta da San Murezzan. Man geniesst die herrliche Aussicht auf das Seenplateau und die Bergketten. Nach der ***Alp Suvretta*** öffnet sich das Tal, und man blickt zum Piz Güglia mit seinem Gletscherabbruch. Kurz nach der Alp Suvretta zweigt man links ab, geht 300 m talwärts und überschreitet auf dem Steg rechts die Ova da Suvretta. Der Pfad führt über Weiden zum kleinen Sattel und steigt am Fusse des Piz Albana auf die Anhöhe ***Orchas*** auf. Dies ist der höchste Punkt der Wanderung, und man geniesst die Aussicht auf die Seen unten im Tal mit ihren Einschnürungen, die durch Geschiebeablagerungen der Seitenbäche entstanden sind. Der Wanderweg verläuft nun leicht abwärts; bei der Abzweigung nach Silvaplana bleibt man rechts auf dem oberen Weg und überschreitet den Bach Ovel d'Orchas. Man erreicht jetzt die Anhöhe von Albanatscha. Die Schützengräben aus der Zeit des Ersten Weltkrieges zur Sicherung des Julierpasses sind noch heute gut sichtbar. Die Route führt zur ***Julierstrasse*** hinunter, überquert diese zur Ova dal Vallun und erreicht auf einem breiten Waldweg die andere Talseite. Dieser steigt leicht an und zieht dann in angenehmem Gefälle durch den Wald ***Fratta,*** ungefähr auf dem Trassee der Römerstrasse, in Richtung Sils.

GREVASALVAS. Über dem Nordufer des Silsersees liegt der malerische Weiler Grevasalvas, eine typische Sommersiedlung der Bergeller Bauern. Grevasalvas ist die wohl schönste und ursprünglichste Alplsiedlung Graubündens und lieferte den natürlichen Rahmen für den berühmten Heidi-Film, der den Weiler in aller Welt bekannt machte.

Nach der Gemeindegrenze Silvaplauna–***Sils Baselgia*** erreicht man die Ebene Plaun Grand. Hier steigt man Richtung Silser Ebene hinab und folgt dem Bächlein hinter der Industriezone und dem grossen Bauernhof. Nun geht man auf dem Wanderweg zum Aussichtspunkt

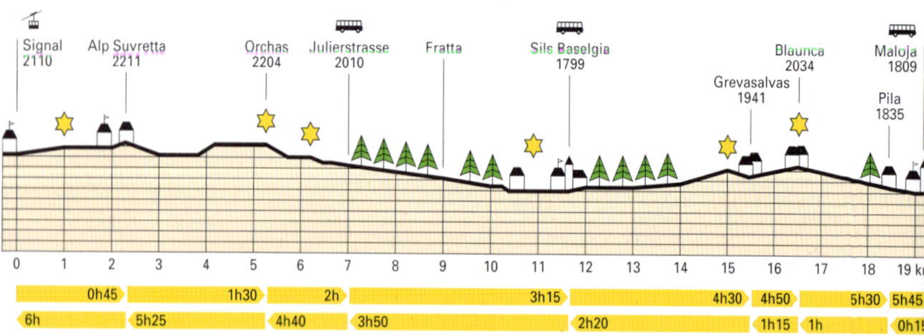

Auf der Bergstation der Signalbahn haben wir das gesamte Panorama des Oberengadins vor uns. Im Hintergrund der Piz da la Margna und die Bergeller Berge.

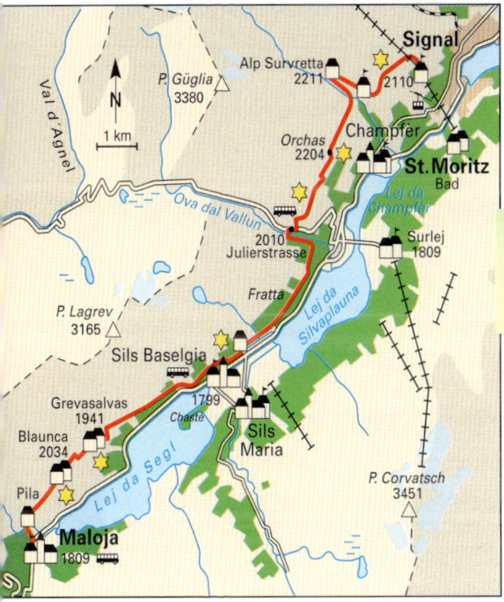

Plaz hinauf. Es öffnet sich der Blick zum Silsersee und zur Halbinsel Chastè. Von Plaz führt der Weg durch lichten Lärchenwald abwärts und danach fast eben oberhalb des Silsersees durch Geröllhalden und über Bachläufe. Nach kurzer Zeit trifft man auf eine Abzweigung; geradeaus führt der Weg zur Posthaltestelle Plaun da Lej hinunter. Unsere Wanderroute jedoch folgt rechts dem Pfad aufwärts und überquert den mächtigen Lawinenzug des Piz Lagrev. Beim Aussichtspunkt Muotta angelangt, hat man einen schönen Blick über den Silsersee, auf das Dörflein Isola und ins Val Fedoz im Hintergrund.

Gasthäuser unterwegs
St. Moritz
Restaurant Signalstübli,
Tel. 081 833 11 38

Jetzt bringt uns der Pfad hinunter zum Weiler ***Grevasalvas,*** und zwischen den alten Häusern führt die Strasse aufwärts zum nächsten Weiler, nach ***Blaunca.*** Von hier aus geht man über ein Hochplateau mit schönen Torfwiesen. Am Ende des Plateaus öffnet sich die Aussicht über die einzigartige Rundhöckerlandschaft von Maloja ins Val Forno und auf die Bergeller Granitberge.
Ein guter Wanderweg führt über Plan di Zoch links im Zickzack zum Weiler ***Pila*** hinunter. Das kleine Bächlein, das man überquert, ist der junge Inn. Bei Pila gelangt man auf die Strasse und folgt dieser nach links abwärts. Nach kurzer Zeit zweigt rechts der Pfad ab, der zur Hauptstrasse hinunterführt. Man folgt dieser Richtung Dorf und erreicht nach 200 m die Post von ***Maloja.***

8 Bunte Steine locken ins einsame Tal

4h45 Corviglia–Fuorcla Valletta–Samedan

Eine aussichtsreiche Bergwanderung für geübte Berggänger.

Oberhalb des Parkhauses in *St. Moritz* Dorf befindet sich die Talstation der Standseilbahn. Mit dieser fährt man nach *Chantarella* und mit der nächsten Standseilbahn nach ***Corviglia*** (Alpendohle), dem Ausgangspunkt für diese Wanderung. steigend über die Weide verläuft. Der Weg führt in den Talkessel unter dem Piz Saluver zur Chamanna Saluver, die dem Skiclub Celerina gehört. Die Berge Piz Corviglia, ***Saluver*** und die Felszacken von Las Trais Fluors bilden den Saluverkessel.

FLUGPLATZ SAMEDAN. Die Flugplatzgenossenschaft Oberengadin ist mehr als 60 Jahre alt. Die Genossenschaftsgründung datiert vom 25. September 1936. Im Winter 1937/38 erfolgte die Freigabe des Flugplatzes Samedan durch das Eidgenössische Luftamt. Heute ist der höchstgelegene Flugplatz Europas (1720 m ü.M.) bei Flugreisenden und in Segelflugkreisen längst zu einem Weltbegriff geworden. Die Einrichtung von internationalen Flugverbindungen, die 1936 von Fremdenverkehrskreisen mit Euphorie gefordert wurde, ist inzwischen – zumindest was Charter- und Privatflüge anbelangt – alltägliche Routine geworden (der Flugplatz verfügt über eine Zollstelle).

In nordwestlicher Richtung geht man an der Talstation der Luftseilbahn Piz Nair vorbei und trifft auf den Wanderweg, der das Trassee des Skilifts überquert. Nach der dritten Kehre biegt man rechts ab und steigt in das Tal hinein. Man hat nun die Gipfel des Piz Saluver und des Piz Ot sowie die Felszacken von Las Trais Fluors vor sich. In der Mulde, zwischen Valletta Schlattain und Val Saluver, liegt der kleine Bergsee ***Lej Alv.***
Hinter dem See überquert man die Strasse und folgt dem Pfad, der leicht an-

Hinter der Hütte beginnt der Pfad zur Bergstation der Sesselbahn Las Trais Fluors. Um eine bessere Aussicht über Pontresina ins Val Languard zu den Spitzen der Piz Muragl, Languard und Albris zu geniessen, geht man auf den südlich vorgelagerten Hügel, den Sass Nair. Von der Mulde beim Ende der Sesselbahn wandert man in nördlicher Richtung um die Felszacken der ***Las Trais Fluors*** herum. Nun folgt man der Markierung durch Schutt und Geröll zur ***Fuorcla Valletta*** hinauf. Hier wird sich der Wanderer vor

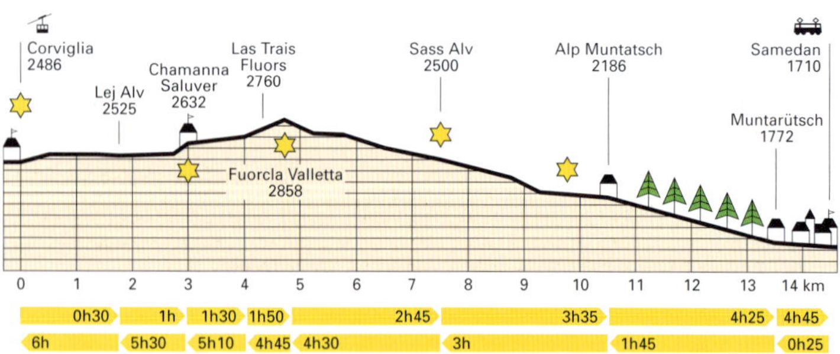

allem an den interessanten Steinen erfreuen, die sich hier in allen möglichen Formen und Farben präsentieren.
Vom Übergang Fuorcla Valletta steigt man links die steile Schutthalde hinab. Rechts präsentieren sich eindrucksvoll die wilden Zacken von Piz dal Büz, Las Trais Fluors und Padella.

Gasthäuser unterwegs
St. Moritz
Restaurant Corviglia,
Tel. 081 833 63 55

Nach dem ersten Steilhang wandert man rechts um den Hügel in der Talmitte. Die Markierung führt nun recht steil durch die Geröllhalde der Las Trais Fluors abwärts, und man erreicht so eine Ebene mit Weiden. Nachdem man den Bach überquert hat, trifft man auf den Weg, der auf den Piz Ot führt. Diesem folgt man nun in leichtem Gefälle durch das Tal Valletta bis zur Stelle, wo das Wasser links steil in die Tiefe stürzt.
Hier zieht man rechts über den Sattel ***Sass Alv*** und trifft auf den Weg zum Piz Padella. Diesem folgt man im Zickzack talwärts, an der kleinen Alphütte Marguns vorbei, die am Gegenhang liegt. So gelangt man bei der Alp Munt auf eine breite Naturstrasse, die zum schönen Alpgebäude von ***Muntatsch*** führt. Diesem Alpweg folgt man nun über Bügliets und Alpetta an knorrigen Lärchen vorbei nach ***Muntarütsch*** und auf der Strasse weiter an Villen vorbei nach ***Samedan.*** Im Dorf überquert man die Hauptstrasse und erreicht im Talgrund den Bahnhof von Samedan.

Es wird Frühling – die Natur erwacht am Bergseelein bei der Fuorcla Valletta, während in der dahinter emporragenden Berninagruppe noch hochwinterliche Verhältnisse herrschen.

9 Im alten Bergwald Ruhe und Erholung finden

3h45 St. Moritz–Muottas da Schlarigna–St. Moritz

Eine reizvolle Rundwanderung durch schattige Arvenwälder.

Bei der Post ***St. Moritz Bad*** geht man in südlicher Richtung am Hallen- und Heilbad vorbei zur französischen Kirche. Nun wandert man nach links dem Waldrand entlang und in leichter Steigung in den Arvenwald bis zu einem Alpweg. Diesem folgt man aufwärts bis zum Bach Ovel da Staz, zweigt rechts ab und geht in angenehmer Steigung zur ***Alp da Staz*** weiter. Hinter dem Alpgebäude führt der Wanderweg durch Arven- und Lärchenwald zum Weg, der vom Hahnensee kommt. Auf diesem Weg geht man links weiter und erreicht schon bald die höchste Stelle dieser Wanderung. Wer eine noch bessere Aussicht geniessen möchte, steigt in rund 15 Min. nach ***Muottas da Schlarigna*** (Pt. 2306) auf. In vielen engen und ziemlich steilen Kehren geht es nun bis an das östliche Ende der Ebene ***Plaun da Staz*** (Stazerboden) abwärts. Nun biegt man nach links ab und wandert über die schöne Hochebene. In der Mitte des Stazerbodens führt der Weg in einer weitausholenden Kurve durch den Wald hinunter zum ***Lej da Staz,*** einem vielbesuchten Badesee. Vom Stazersee wandert man nach links zur Acla Dimlej und nimmt den links abzweigenden Wanderweg zum See hinunter.
Auf der rechten Seite des ***Lej da S. Murezzan*** wandert man nach ***St. Moritz Bad*** zurück. An der katholischen Kirche St. Karl vorbei, auf der rechten Innseite, gelangt man wieder zum Ausgangspunkt.

ST. MORITZ BAD. Obgleich die Heilquelle seit etwa 1500 v.Chr. gefasst und benützt war, wurden erst im 19. Jh. Badehäuser und -einrichtungen gebaut: um 1800 ein «Pavillon» für Trinkkuren, 1832 ein kleines Kurhaus mit Bädern. Um 1854 entstand für die Nutzung der Heilquellen eine grössere Kuranstalt mit einem Hotel. Im neuen Heilbad ist eine gotische Glocke von 1486 aus der alten Dorfkirche St. Mauritius aufgestellt.

Aus dem bescheidenen Bauerndorf St. Moritz (rätoromanisch San Murezzan) wurde eine Stadt im Hochgebirge mit kosmopolitischem Flair – dass der rätoromanische Charakter dabei gefährlich ins Hintertreffen geriet, muss man freilich verschmerzen.

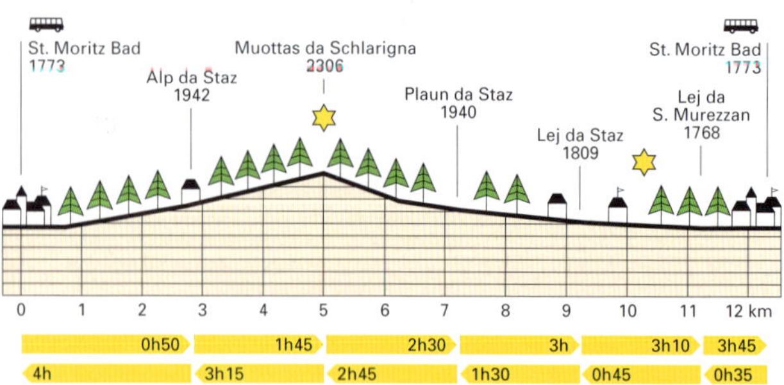

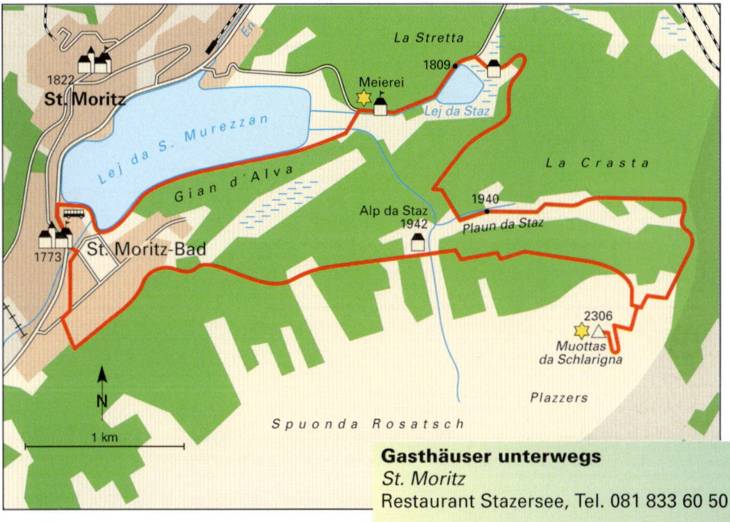

Gasthäuser unterwegs
St. Moritz
Restaurant Stazersee, Tel. 081 833 60 50

Pontresina: Routen 10–15

Das langgestreckte Strassendorf am Nordfuss des Berninapasses, ehemals Sitz der Herren de Pont-Zarisino, erlangte dank dem Verkehr mit dem Veltlin schon im Hochmittelalter grosse Bedeutung. Da Pontresina die Portenrechte über die Transporte von Bernina Hospiz nach Samedan besass, machten die Säumer hier halt. Pferde und Saumtiere wurden entladen, getränkt und gefüttert. An Eisenringen, die in die Hausmauern eingelassen waren, wurden die Tiere angebunden. Solche Ringe sieht man noch heute an alten Häusern an der Dorfstrasse. Das Dorf ist in vier getrennte Siedlungen aufgeteilt: Laret, San Spiert, Giarsun und Carlihof. Das neue Quartier Muragls dehnt sich Richtung Samedan aus.

1850 logierten die ersten Touristen in der Herberge bei Jungfer Clara Christ. Im Sommer 1855 verzeichnete der Ort bereits 30 Gäste. Pontresina wurde zum vielbesuchten Bergsteigerdorf. Von hier aus wurde die Gletscher- und Gipfelwelt von Piz Bernina und Piz Roseg erobert, und ein neuer Berufszweig entstand: der Bergführer, der für den Ort recht grosse Bedeutung gewann.

10 Eine Wanderung mit sehr vielen Überraschungen

3h45 Pontresina–Morteratsch–Chamanna da Boval CAS

Abwechslungsreiche Wanderung dem Morteratschgletscher entlang zur SAC-Hütte Chamanna da Boval CAS.

Vom Bahnhof ***Pontresina*** geht man gegen das Dorf zu. Kurz vor der Punt'Ota (Hohe Brücke) zweigt rechts ein Wanderweg ab, der parallel zur Berninastrasse nach der RhB-Haltestelle ***Surovas*** führt. Man überquert das Geleise, umgeht einen Spielplatz und wandert in leichter Steigung ins Val Bernina. Der Wanderweg führt am Waldrand oberhalb der Bernina-Bahnlinie durch knorrigen Lärchenwald zur RhB-Haltestelle Morteratsch. Nun übersteigt man das Geleise und biegt rechts von der Talsohle ab. Leicht steigend gelangt man auf ***Chünetta.*** Auf einem Felskopf geniesst man einen der schönsten Ausblicke zum mächtigen Morteratschgletscher. Am frühen Morgen kann man hier öfters Wild beobachten. Von Chünetta führt ein guter Saumweg längs der Seitenmoräne durch Geröll und Schafweiden aufwärts. Unter dem Felsen Chamin führt ein steiler Zickzackweg auf ein Felsband, und nach kurzer Zeit erreicht man die ***Chamanna da Boval CAS.*** Von der SAC-Hütte aus hat man eine prächtige Aussicht zu den Bergriesen Piz Palü, Bellavista, Zupò und dem höchsten von allen, dem Piz Bernina.

BOVALHÜTTE. Die Bovalhütte (boval = Ochsenweide) ist Ausgangspunkt für Hochtouren im Berninagebiet. Zur Erinnerung an die Erstbesteigung des Piz Bernina am 13. September 1850 durch den S-chanfer Bürger Johann Coaz wurde auf einem Felsblock eine Bronzetafel angebracht. Dem bekannten Bergführer Hans Grass sen. (1828–1902) gilt ebenfalls eine Erinnerungstafel mit der Inschrift «Dem Erschliesser der Berninagruppe, gewidmet von Dr. Emil Burckhardt, Basel».

Der *Rückweg* erfolgt auf der gleichen Route. Bei Chünetta zweigt rechts ein Wanderweg ab und führt über runde Felsköpfe und Geröll zur breiten Strasse im Talgrund. Hier ist auf Tafeln der Rückgang des Morteratschgletschers dokumentiert. Auf derselben Strasse wandert man talwärts und erreicht die RhB-Haltestelle Morteratsch, wo man mit der Bahn oder auf der gleichen Route zurück nach *Pontresina* gelangt.

Gasthäuser unterwegs
Pontresina
Hotel Morteratsch, Tel. 081 842 63 13
Chamanna da Boval CAS, Tel. 081 842 64 0

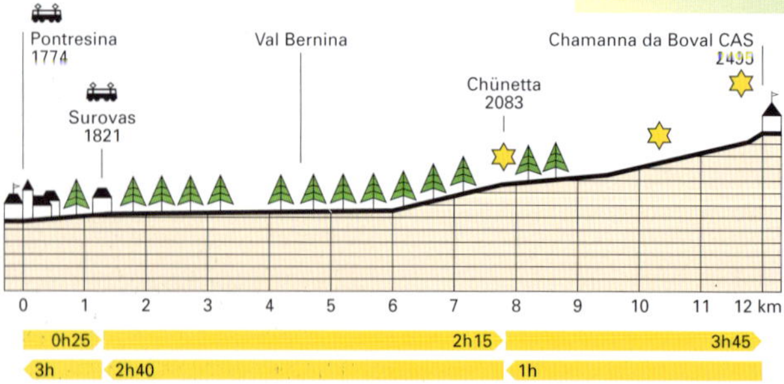

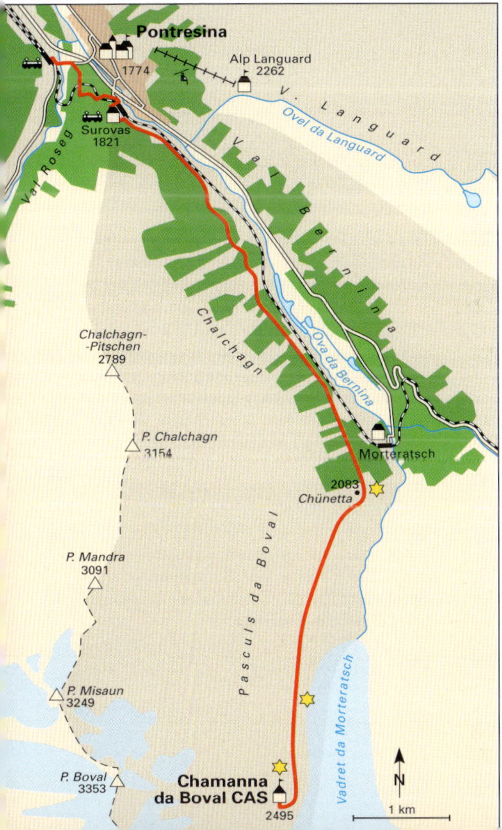

Auf der Wanderung von Pontresina nach der Chamanna da Boval CAS haben wir einen überwältigenden Blick über den Morteratschgletscher in die Bernina- und Palügruppe.
Der Morteratschgletscher schmilzt sehr rasch ab; auf dem Weg von der Bahnstation Morteratsch zum Gletschertor ist der Rückgang des Gletschers dokumentiert mit auf Steinen aufgemalten Jahreszahlen, die den jeweiligen Gletscherstand markieren.

11 Die Farben der Seen verraten die Herkunft des Wassers

2h45 Diavolezza–Lej d'Arlas–Ospizio Bernina

Abstieg vom Gletscher zu den Bernina-Seen.

Die *Talstation Diavolezza* erreicht man über Pontresina mit der Rhätischen Bahn oder mit dem eigenen Fahrzeug. Mit der Luftseilbahn fährt man zum Ausgangspunkt.
Von der Bergstation ***Diavolezza*** geht man in östlicher Richtung zum Sommerskigebiet, überquert dieses unterhalb des Felsens Sass Queder und erreicht am Ende des Firnfeldes einen steilen Wanderweg. Auf diesem steigt man zum Bergsee ***Lej da la Diavolezza*** ab. Kurz rer in Erstaunen. Der Lago Bianco (Weisser See) wird mit Wasser aus dem Cambrenagletscher gespeist, der Lej Nair (Schwarzer See) und die anderen kleinen Seen erhalten das Wasser aus verschiedenen Quellen.
Am Lej d'Arlas vorbei folgt man dem Pfad auf der rechten Talseite zu den Weiden Pascul d'Arlas hinunter zum kleinen See ***Lej Pitschen,*** dann auf der Via Romana dem Lej Nair entlang zum ***Lago Bianco.***

Puschlav. Die Gemeinden Poschiavo und Brusio bilden zusammen das Puschlav. Der Name Puschlav leitet sich vom lateinischen «post lacum» her und bedeutet «hinter dem See». 1408 tritt das Puschlav dem Gotteshausbund bei. Dank dem fruchtbaren Boden gedeihen im Puschlav Wein, Tabak, Feigen- und Mandelbäume. Noch heute sind Kultur, Bau- und Lebensweise eher italienisch geprägt. In der Casa Mengotti, die im Jahre 1665 errichtet wurde, befindet sich das Puschlaver Heimatmuseum.

bevor man diesen erreicht, zweigt man rechts ab ins Val d'Arlas, überquert den Hang unter dem Sass Queder und gelangt zum fast verlandeten Seelein ***Lej d'Arlas.***
Hier hat man einen schönen Ausblick ins Val Bernina und auf das Seenplateau des Berninapasses. Im Hintergrund erblickt man die Puschlaver Berge. Die Farbunterschiede der Seen setzen den Wande-

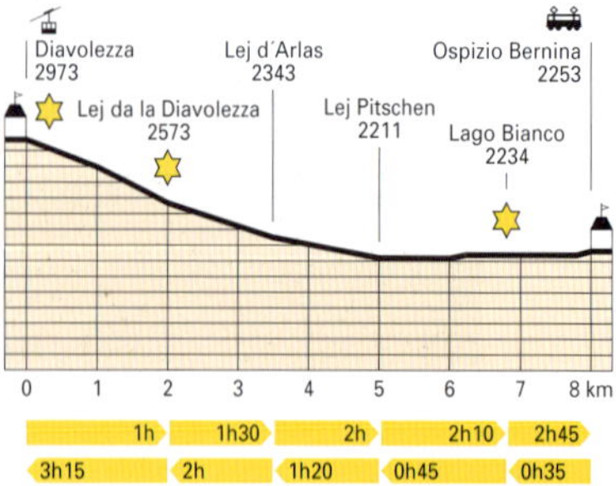

Hier, an der nördlichen Staumauer, befindet man sich an der Sprachgrenze Rätoromanisch/Italienisch und zugleich auch an der Wasserscheide: Vom Lej Nair fliesst das Wasser als Ova da Bernina in den Flaz, dann in den Inn, mit diesem in die Donau und schlussendlich in das Schwarze Meer. Das Wasser des Lago Bianco fliesst als Acqua da Pila in den Cavagliasch, dann in den Poschiavino, mit diesem durch das Puschlav in die Adda im Veltlin und schliesslich mit dem Po ins Adriatische Meer.
Unterhalb oder auf der Staumauer gelangt man zur anderen Seeseite, überquert die Geleise der Berninabahn und biegt nach rechts ab auf den Wanderweg zum ***Ospizio Bernina.***
Von der RhB-Haltestelle Ospizio Bernina kann man den Zug zurück nach *Pontresina* nehmen.

Gasthäuser unterwegs
Ospizio Bernina
Bergrestaurant Diavolezza, Tel. 081 842 62 05
Albergo Ospizio Bernina, Tel. 081 844 03 03

Das im Hintergrund liegende Val d'Arlas wird von der Diavolezza her viel begangen.

12 In der Tiefe lockt das sonnige Puschlav

2h45 Ospizio Bernina–Sassal Mason–Alp Grüm

Leichte Wanderung auf dem Berninapass-Seenplateau mit weiter Aussicht.

Von der RhB-Station ***Ospizio Bernina*** geht man 100 m hinauf, zweigt nach links ab auf den Richtung Norden führenden Wanderweg und wandert dem See entlang bis kurz vor der Staumauer.

Dem See entlang wandern wir bis nach ***Scala*** (Staumauer im Süden) und dann leicht hangaufwärts zum schönen Aussichtspunkt ***Sassal Mason.*** Der Blick öffnet sich zu den Puschlaver Gipfeln bis zu den fernen Bergamasker Alpen. Die runden Steinhütten, die aus losen Steinen erbaut sind, dienen als Keller und Kühlraum zur Lagerung von Milch, Käse und Fleisch. Zur Regelung von Feuchtigkeit und Temperatur fliesst Wasser durch diese sogenannten «Crotti». Im kleinen Restaurant kann man eine Kostprobe von diesen Spezialitäten nehmen.

Der *Abstieg* von Sassal Mason führt Richtung Palügletscher, dann in einigen Kehren zu einem breiten Weg, der im

BERNINALINIE. Die Berninabahn verbindet das Oberengadin mit Tirano im Veltlin (Italien) und darf sich in Bezug auf Anlage und Kühnheit mit den grossen Alpentransitbahnen St. Gotthard, Lötschberg–Simplon, Brenner und Mont-Cenis (Col du Fréjus) vergleichen. Auf einer Strecke von nur 61 km bietet die Natur Kontraste von einmaliger Schönheit, die von Bergriesen im ewigen Eis und Schnee, durch das abwechslungsreiche Puschlavertal bis zu den ausgedehnten Kastanienwäldern und Weinbergen im fruchtbaren Veltlin reichen. Der Ausgangspunkt St. Moritz liegt auf 1778 m ü.M., die Endstation Tirano auf 429 m ü.M. Es ist die höchste Adhäsionsbahn und die einzige Linie, die keinen Scheiteltunnel durchfährt, sondern offen über die Alpen führt. Die gewaltigen Höhenunterschiede werden ohne Zahnradstrecken über zahlreiche Kehrschleifen mit einer maximalen Neigung von 70 ‰ überwunden

Der Lago Bianco (Weisser See) bestand früher aus zwei Seen. Der Abfluss war im Süden, und nur bei Hochwasser floss er gegen Norden in den ***Lej Nair*** (Schwarzer See) über. Bevor der Lago Bianco beidseitig gestaut wurde, floss er durch eine Felsschlucht in den Lago della Scala und durch das Val Pila ab. Das Wasser wird heute zur Stromerzeugung durch die Kraftwerke Brusio genutzt. Nun wandert man auf der rechten Seeseite zum Cambrena-Delta südwärts.

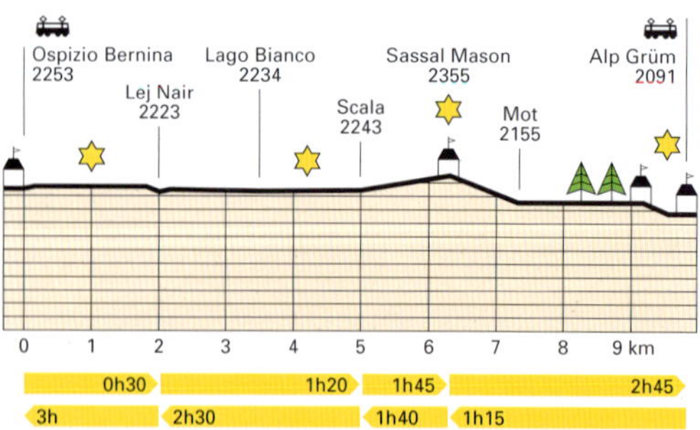

Morgenerwachen am Ospizio Bernina.

grossen Bogen zur Mulde hinunterführt. Im Bogen biegt man links ab, überquert das Geleise der Berninabahn und gelangt zu einem kleinen Teich.
Hier bei ***Mot*** bietet sich der Ausblick ins Val da Pila und zum Piz Campasc und Corn Prairol.

Gasthäuser unterwegs
Ospizio Bernina
Albergo Ospizio Bernina,
Tel. 081 844 03 03
Alp Grüm
Berggasthaus, Tel. 081 844 03 18

Nun wandert man über dem Val da Pila um die Erhöhung des Pru dal Vent und eine kurze steile Halde zur RhB-Station ***Alp Grüm*** hinunter.
Hier geniesst man den wunderbaren Ausblick zum Palügletscher. Dieser wird eingerahmt von den Bergspitzen des Piz Varuna im Süden, des Piz Palü und des Piz Cambrena im Norden. Nun kann man mit der Rhätischen Bahn nach *Pontresina* zurückkehren.

13 Rauhe Gebirgslandschaft zeigt ihre Schönheit

5h Alp Languard–Fuorcla Pischa–Bernina Suot

Anspruchsvolle Wanderung durch Wild- und Pflanzenschutzgebiete.

Vom Bahnhof *Pontresina* geht man gegen den Ort. Bei der Strassenkreuzung nach Punt Ota (Hohe Brücke) führt rechts ein Fussweg (La Senda) hinauf zur Hauptstrasse. Hinter dem Hotel Schweizerhof führt eine Treppe zur Talstation der Sesselbahn, die zum Ausgangspunkt ***Alp Languard*** hinauffährt.

STEINWILD. Um das Jahr 1650 war das Steinwild in unserer Region ausgerottet. Aus dem späteren italienischen Nationalpark Gran Paradiso (von König Viktor Emanuel II. als Reservat gegründet) wurden 1906 illegal neugeborene Kitze entwendet. Auf diese geht die Steinbockzucht in Interlaken zurück, die wiederum die Tiere lieferte, die 1920 am Piz Terza im Nationalpark angesiedelt wurden. Diese Steinböcke zogen weg und gelangten an den Piz Albris bei Pontresina, wo die Kolonie bestens gedieh. Von hier aus wurden bisher über 2000 Stück mit Erfolg über den ganzen Alpenkamm ausgesetzt. Der Steinbock ist das Wappentier von Graubünden.

Von der Bergstation folgt man dem Wanderweg, der rechts ins Val Languard führt. Von hier aus hat man eine schöne Sicht zur Bernina-Gruppe im Süden und über den Stazerwald, den St. Moritzersee sowie auf den Piz Julier und Piz Nair im Hintergrund.

In gleichmässiger Steigung zieht sich der Weg an den Hängen des Piz Languard, auf der rechten Talseite, zum ***Plaun da l'Esen*** (Eselsboden) hinauf. Früher konnte man sich auf dem Rücken der Esel, Maultiere oder Pferde bis hierher tragen lassen. Ein schmaler Pfad mit vielen Kehren führt Richtung Piz Languard. Hier trifft man auf den berühmten Steinbockweg, der von der Segantini-Hütte her links einbiegt. Man zieht aber rechts weiter, auf der zweiten Steilrampe biegt dann die Route nochmals rechts ab, und auf fast ebener Strecke der Crasta Languard entlang erreicht man den Übergang ***Fuorcla Pischa.*** Rechts in die Mulde sind einige Bergseen eingebettet. Hier oben kann man öfters das Steinwild beobachten. Von der Fuorcla Pischa geht man nach links in die mächtige Mulde hinab. Da der Schnee hier noch lange liegenbleibt, ist zu beachten, dass die Wegmarkierung zugeschneit sein könnte. Der Hügel (Pt. 2844) vor dem grössten See Lej da la Pischa wird rechts umgangen,

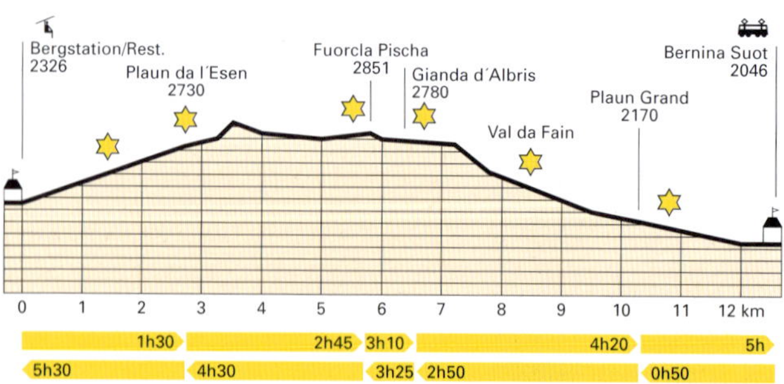

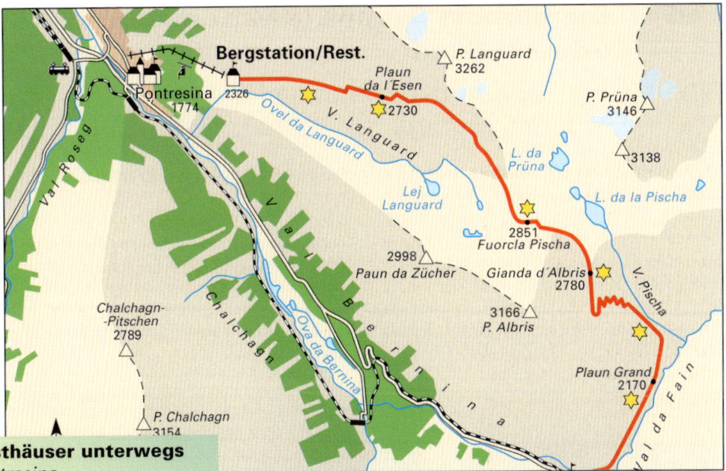

Gasthäuser unterwegs
Pontresina
Restaurant Alp Languard,
Tel. 079 682 15 11
Berninahaus Touristenlager,
Tel. 081 842 64 05

Grandiose Aussicht vom Restaurant Alp Languard auf den Piz Palü mit seinen drei mächtigen Pfeilern. Von links nach rechts der Ostpfeiler, in der Mitte der Bumiler und rechts der Spinasgrat.

und man wandert über die Geröllhalden des Piz Albris Richtung Süden. Nach kurzer Zeit erreicht man über ***Gianda d'Albris*** den Einschnitt des Val da Fain (Heutal) und geniesst einen schönen Ausblick zum Berninasee.

Der *Abstieg* ins Heutal ist schmal und recht steil – es ist Vorsicht geboten. Der Pfad führt nach rechts talauswärts über steile Grashalden, wendet unterhalb der Felsbänder und verläuft in steilem Zickzack über Weiden ins Tal hinunter. Hier kommen Botaniker und Tierfreunde auf ihre Rechnung, man erblickt die schönsten und seltestens Alpenflanzen, und zahlreiche Murmeltierkolonien finden hier ideale Lebensräume.

Bei ***Plaun Grand*** in der Talsohle mündet der Pfad in den Alpweg, dem man auf der rechten Talseite unter dem Piz Alv zur Alp Bernina folgt. Man überquert die Ova da Bernina und folgt der Bernina-Passstrasse ungefähr 400 m zur RhB-Station ***Bernina Suot.***

14 Die Bernina-Gruppe gleicht einem offenen Buch

5h Alp Languard–Chamanna Paradis–Muottas Muragl

Sehr lohnende Höhenwanderung für geübte Berggänger über die schönsten Aussichtspunkte.

Vom Bahnhof *Pontresina* geht man gegen den Ort. Bei der Strassenkreuzung nach Punt Ota (Hohe Brücke) führt rechts ein Fussweg (La Senda) hinauf zur Hauptstrasse. Hinter dem Hotel Schweizerhof führt eine Treppe zur Talstation ninamassiv. Wie in einem offenen Buch zeigen sich die Berge Piz Palü, Bellavista, Bernina und der berühmte Biancograt. Die Gletscherzungen vereinigen sich im mächtigen Eisstrom des Vadret da Morteratsch.

Giovanni Segantini. Der berühmte Maler Giovanni Segantini wurde 1858 in Arco nahe der Nordspitze des Gardasees im damals noch österreichischen Trentino geboren. Er hatte schon immer eine Vorliebe für ländliche Gegenden. Als sich ihm die Gelegenheit bot, nach Savognin zu ziehen, ergriff er sie. Von 1886 bis 1894 lebte und malte er im Oberhalbstein. 1894 wechselte er nach Maloja, um noch näher bei den Bergen und beim Licht zu sein. Der Höhepunkt seines Schaffens sollte das grosse Triptychon «Werden-Sein-Vergehen» werden. Segantini war auf dem Schafberg mit dem Mittelteil «Sein» beschäftigt, als er an einer akuten Blinddarmentzündung erkrankte. Der herbeigerufene Arzt konnte ihm nicht mehr helfen. Er starb am 28. September 1899 und wurde auf dem Friedhof von Maloja beigesetzt.

der Sesselbahn, die zum Ausgangspunkt ***Alp Languard*** hinauffährt. Von der Bergstation geht man aufwärts bis Pt. 2365, von wo der Weg rechts ins Val Languard abzweigt, um fast eben auf der rechten Talseite bis zum Bergbach zu führen. Diesen überquert man und steigt auf der linken Talseite auf einen Bergrücken zur bewirtschafteten ***Chamanna Paradis*** auf. Von der Hütte aus hat man die schönste Aussicht zum Ber-

Nun geht man ungefähr 500 m auf dem gleichen Weg zurück, biegt aber nicht links ab, sondern wandert geradeaus in den Talkessel weiter, überquert den Bach im Val Languard und schwenkt dann erst nach links. Auf der rechten Talseite folgt man dem Pfad unter dem Felsen bis Pt. 2589. Hier trifft man auf den Weg, der von der Alp Languard heraufzieht, und folgt diesem bis zum Plaun da l'Esen (Eselsboden). Der Weg biegt nun nach

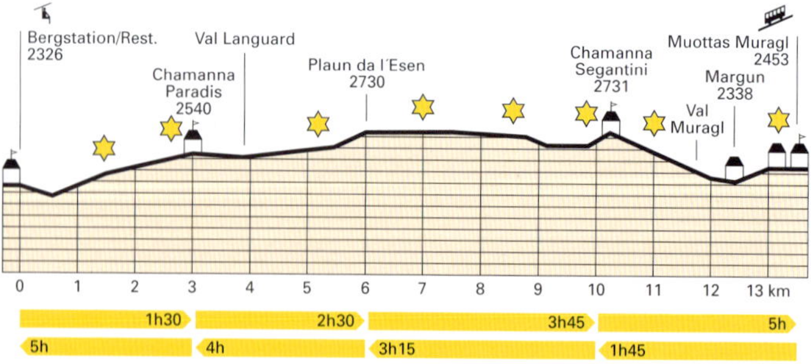

links ab, und man befindet sich jetzt auf dem berühmten Steinbockweg, wo man oft Steinwild beobachten kann.
Über die Weiden Costa dals Süts gelangt man zu den Lawinenverbauungen unter den Zinnen Las Sours (Die Schwestern). Der Pfad wird nun schmal, und man hat einige schwierige Stellen zu überschreiten. Deshalb ist die Route nur geübten Berggängern zu empfehlen. Nach 1 km hat man die schwierigen Stellen hinter sich und erreicht den Wanderweg, dem man aufwärts zur bewirtschafteten Hütte ***Chamanna Segantini*** folgt. Diese ist nach dem Maler Giovanni Segantini benannt, welcher im Herbst 1899 hier oben starb. Die herrliche Aussicht reicht vom Berninapass über die Gipfel Piz Palü, Bernina, Corvatsch, Lunghin, Lagrev, Julier, Ot, Kesch bis zum Piz Grialetsch am Flüelapass. Es lohnt sich, hier eine etwas längere Rast einzulegen mit einem Imbiss aus dem Rucksack oder aus der kleine Gaststube.
Der Abstieg beginnt nördlich der Hütte und führt in steilem Zickzack hinab ins Val Muragl. Beim Bach Ova da Muragl trifft man auf den Höhenweg, der von Muottas Muragl zur Alp Languard führt. Die Wanderroute verläuft rechts über den Bach an den Alpen Margun und Tegia da Muottas vorbei zur Bergstation der Standseilbahn ***Muottas Muragl*** hinauf. Nochmals geniesst der Wanderer hier die wunderbare Aussicht auf das Seenplateau, bevor ihn die Standseilbahn nach Punt Muragl hinunterbringt, wo Postauto und Rhätische Bahn für den Heimweg bereitstehen.

Der auf 2600 m gelegene Wanderweg von Muottas Muragl nach der Alp Languard ist sehr gut ausgebaut. Die Aussicht auf die Oberengadiner Seen, in die Hochgebirgsregion des Piz Bernina sowie in die weit entfernten Bergeller Berge ist für jedermann überwältigend.

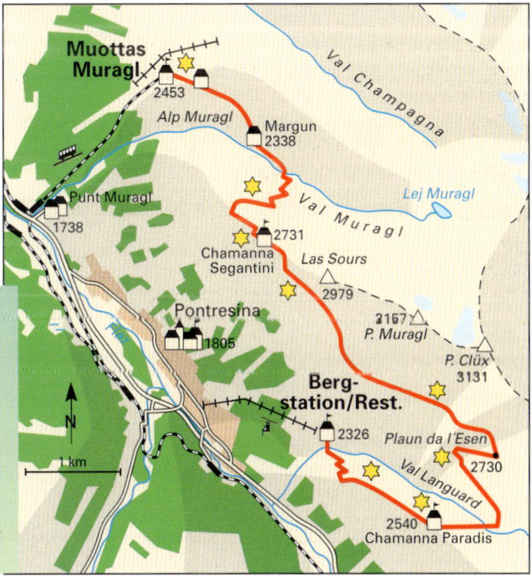

Gasthäuser unterwegs
Pontresina
Alp Languard Restaurant,
Tel. 079 682 15 11
Chamanna Paradis
Tel. 079 610 36 03
Samedan
Chamanna Segantini,
Tel. 079 681 35 37
Berghotel Mouttas Muragl,
Tel. 081 842 82 32

15 Nirgends zeigt sich das Seenplateau schöner

2h Muottas Muragl–Höhenweg–Alp Languard

Einfache Höhenwanderung auf dem meistbegangenen Höhenweg des Oberengadins.

Die Talstation Punt Muragl erreicht man mit dem Postauto, der Bahn oder mit dem eigenen Fahrzeug. Mit der Standseilbahn lässt man sich zur Bergstation ***Muottas Muragl*** hinaufbringen. Oben angekommen, geniesst man das Panorama vom schönsten Teil des Oberengadins. Das herrliche Seenplateau, das von St. Moritz bis Maloja reicht, umrahmt von der Kulisse markanter Bergspitzen, ergibt ein einmaliges Bild, das sich nach links noch durch den Blick auf die vergletscherte Berninagruppe erweitert. Rechts oberhalb der Terrasse des Berghotels beginnt der breite Wanderweg. In sanftem Gefälle wandert man an den Alpen Tegia da Muottas und ***Margun*** vorbei, und es öffnet sich die Sicht ins Val Muragl zu Piz Muragl, Las Sours und Schafberg. Nun überquert man den Bach Ova da Muragl, zweigt rechts ab und wandert um den Munt da la Bês-cha (Schafberg) herum.

Der Wanderweg wendet sich nach Süden

MUOTTAS-MURAGL-BAHN. Am 23. Dezember 1896 erliess die Bundesversammlung die Konzession für den Bau und den Betrieb für eine Standseilbahn auf Muottas Muragl. Der erste Spatenstich erfolgte am 4. Mai 1905, und die Eröffnung konnte am 9. August 1907 gefeiert werden. Am selben Tag öffnete auch das Hotel Muottas Muragl seine Tore. 1992 wurde die gesamte Bahnanlage mit einem Aufwand von ungefähr 12 Milionen Franken erneuert. Die modernisierte Anlage entspricht nun den neusten Sicherheitsanforderungen. Die Bahn bewältigt 714 m Höhenunterschied bei einer Steigung von 52 %.

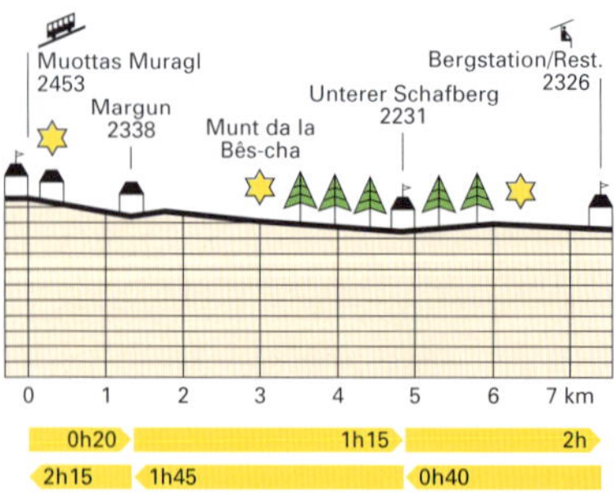

Gasthäuser unterwegs
Samedan
Berghotel Muottas Muragl, Tel. 081 842 82 32
Pontresina
Restaurant Unterer Schafberg, Tel. 079 253 83 80

und gibt die Sicht ins Val Roseg frei. Man gelangt nun an die Waldgrenze, und schon bald erreicht man das Bergrestaurant ***Unterer Schafberg.*** Während einer kleinen Rast geniesst man hier, umgeben von knorrigen Arven, die prächtige Aussicht.

Jetzt steigt der Weg leicht an und führt über kleine Tälchen zu den Lawinenverbauungen, die das Dorf Pontresina im Winter schützen. Nach einem ebenen Wegstück führt am Schluss eine leichte Steigung zur Endstation des Sessellifts ***Alp Languard***. Dieser bringt den Wanderer in kurzer Zeit nach Pontresina hinunter.

Der Untere Schafberg ist eine willkommene Raststätte. Im Hintergrund rechts das Val Roseg.

Celerina–Samedan–Bever: Routen 16–17

CELERINA
Wie die meisten Gemeinden des Oberengadins wurde Celerina 1139 in den Gamertlinger-Verträgen erstmals urkundlich erwähnt. An den Fuss steiler Abhänge im Norden gelehnt, mit einer weiten ebenen Landfläche im Süden, ist es das Dorf mit der längsten Sonnenscheindauer im Tal.
1631 fiel ein grosser Teil der Häuser einer Feuersbrunst zum Opfer. Schlimmer noch als durch Feuer ist das Dorf immer wieder durch das Wasser bedroht gewesen. Schon 1320 schlossen die Bürger von Celerina mit jenen von Samedan einen Vertrag über gegenseitige Hilfeleistung bei Hochwasser. Das war auch nötig, denn der Inn und der aus dem Berninagebiet zufliessende Flaz haben im Laufe der Zeit mehr als ein Dutzend Mal das Dorf überschwemmt, allein in unserem Jahrhundert schon viermal.

SAMEDAN
Samedan ist der Hauptort des Oberengadins und wird 1139 zusammen mit der Kirche San Gian (Bild) erstmals in der Gamertlinger-Urkunde erwähnt.
Samedan hatte eine starke Position innerhalb der Talgemeinde. In grossen, feudalen Häusern wohnten hier Zweige der mächtigen Adelsfamilie von Planta. Sie verfügte über grossen Reichtum, denn ihr standen Einkünfte aus den Portenrechten zu.
Vor 300 Jahren war jeder achte Einwohner der Gemeinde ein Planta. Ihr Stammhaus, der repräsentative, kunsthistorisch bedeutende Bau im Dorfzentrum, ist 1946 von drei Schwestern des Geschlechts in eine Stiftung umgewandelt und der Öffentlichkeit übergeben worden. Heute befinden sich darin eine rätoromanische Bibliothek und das Oberengadiner Kulturarchiv.

BEVER
Bei der Aufteilung der Gemeinden und ihrer Territorien hat sich die Machtposition von Samedan auf Bever ausgewirkt. Die Grenzen des beim Dorf in das Haupttal ausmündenden Bevertals sind auf recht eigenartige – fast willkürliche – Weise festgelegt worden. So gehört der äussere Teil des Tales zu Bever, der mittlere Teil mit den schönen Alpen Palüd Marscha und Cuvretta da Samedan jedoch ist Territorium der Gemeinde Samedan, während der an die Julierpass-Region grenzende Talabschlusskessel mit der Alp Val und der Jenatsch-Hütte des SAC wiederum Gemeindegebiet von Bever ist.

16 Auf den Spuren der Gletscher ins Albulatal

6h Bever–Fuorcla Crap Alv–Preda

Hochalpiner Übergang vom Val Bever ins Albulatal.

Bei der RhB-Station ***Bever*** geht man in südlicher Richtung, überschreitet die Hauptstrasse und den Fluss und gelangt so hinter den Häusern Mulin an den Waldrand. Man biegt rechts in den Waldweg von God da Cuas ins Val Bever ein. Nach 20 Min. erreicht man die Naturstrasse, die von Bever nach Spinas führt. Dieser folgt man zum Weiler ***Spinas*** am Südportal des Albulatunnels. Hinter dem Gasthaus und den Häusern taleinwärts überquert man den Bach Beverin und wandert auf der anderen Talseite tiefer ins Val Bever. Die Bergspitzen Dschimels, Piz da las Blais, Piz Mez und Crasta Mora bilden die nördliche Talbegrenzung, im Süden ist es der Piz Ot und vorgelagert der Piz Muottas, Piz Spinas und Cho d'Valletta.

Dem Bach entlang, durch lichten Lärchenwald erreicht man die Feuchtgebiete der ***Palüd Marscha.*** Vor der Ebene zweigt die Route rechts ab und führt eher versteckt zwischen Felsblöcken und Alpenrosenstauden die Halde hinauf. Im steilen Zickzack führt der Pfad zum Übergang ***Fuorcla Crap Alv.*** Das Gelände wird nun flacher, und an der höchsten Stelle wandert man nach links leicht abwärts an der Hütte vorbei, im weiten Bogen durch die Mulde hinunter zu den Bergseen von ***Murtel digl Crap Alv.*** Die herrliche Rundhöckerlandschaft wurde durch die Gletscher geformt, und man findet hier noch überall ihre Spuren. Man geht links an den Seen vorbei, an den Hängen der Dschimels (Zwillinge) entlang hinunter zur Albula-Passstrasse. Dieser folgt man 330 m bis zu Pt. 2203 hinauf, überquert die mit Steinblöcken übersäte Mulde und erreicht den guten Wanderweg auf der anderen Talseite.

RHÄTISCHE BAHN. Die Gebirgsbahn in Graubünden betreibt eines der eindrücklichsten und kühnsten Bahnnetze der Welt. Die Bauzeit erstreckte sich von 1889, als mit dem Bau der Strecke Landquart–Arosa begonnen wurde, bis 1914, der Eröffnung der Arosa-Linie. Die Rhätische Bahn ist eine Bahn der Extreme: Zwischen dem höchsten und dem tiefsten Punkt ihres gegenwärtig 375 km langen Netzes liegen mehr als 2000 Höhenmeter. Ihre Geleise führen durch mehr als 100 Tunnels und über fast 500 Brücken. Der Albulatunnel ist der Alpentunnel mit der höchsten Scheitelhöhe in Europa.

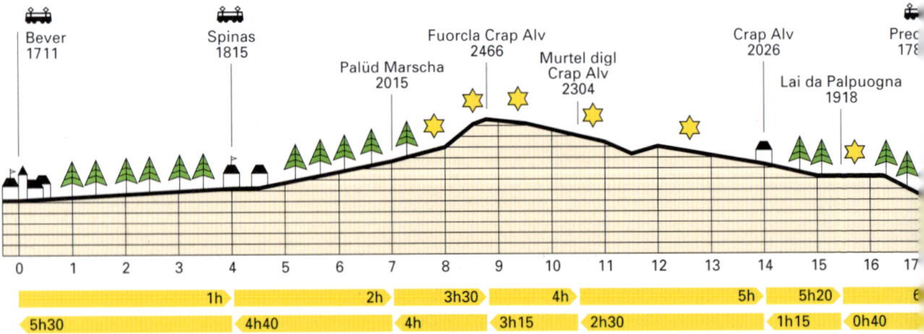

Der mächtige Piz Üertsch, 3268 m, thront wie ein zuverlässiger Wächter über dem Val d'Alvra.

Diesem folgt man zur Ebene Crap Alv (Weisser Stein) hinunter. Die Stallungen dienen heute der ETH als Versuchsbetrieb für die Viehzucht.

Bei Crap Alv werden die Passstrasse und der Bach überquert, und durch einen schönen Arven- und Lärchenwald erreicht man den ***Lai da Palpuogna.*** Je nach Lichteinfall erhält dieser Bergsee eine wunderbare Farbe; im klaren Wasser spiegeln sich die umliegenden Berge. Beim Seeabfluss führt der Wanderweg auf der linken Bachseite der Alvra über Weiden und Waldpartien abwärts. Bei Pt. 1770 biegt man nach rechts in einen breiten Weg ein und folgt diesem zu den Häusern hinauf. Hier überschreitet man das Geleise der Rhätischen Bahn und wandert rechts gegen die Bahnstation von ***Preda.***

Gasthäuser unterwegs

Bever

Hotel Suvretta, Spinas, Tel. 081 852 54 92

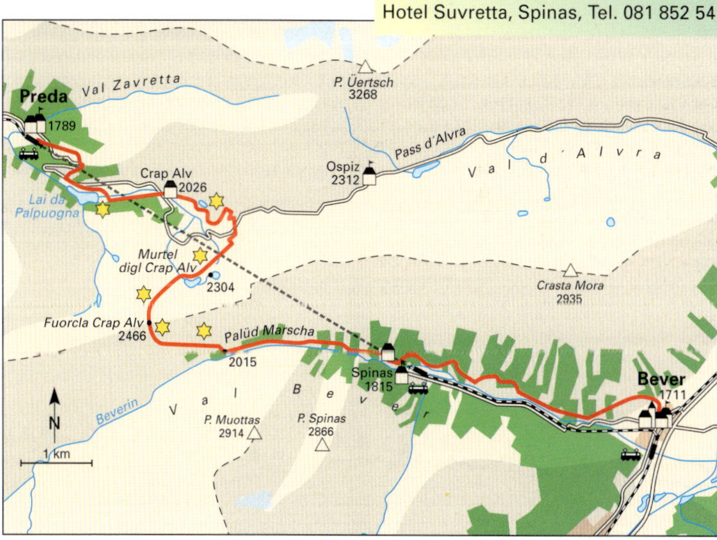

17 Ein Maler hätte Freude an den vielen Aussichtspunkten

6h30 Bever–Zuoz–Cinuos-chel

Höhenwanderung auf der Via Engiadina mit herrlichen Ausblicken auf den unteren Teil des Oberengadins.

Von der Bahnstation ***Bever*** wandert man in nördlicher Richtung an der Kirche vorbei in das Dorf Bever. Unter dem Bogen hindurch, der die Häuser beiderseits der Strasse verbindet, geht man weiter bis auf den breiten Waldweg, der nach La Punt hinunterführt. Kurz vor dem Maiensäss Acla Albertini zweigt der Weg links ab und führt durch den Wald God Drosa zur Waldgrenze.

LYCEUM ALPINUM. Zuoz, das besterhaltene Oberengadiner Dorf im unteren Talabschnitt, ist der Sitz der berühmten Internats- und Talschaftsmittelschule Lyceum Alpinum. Das Lyceum wurde 1904 und 1912/13 erbaut. Seit mehr als 90 Jahren werden hier, in einer einzigartigen Umgebung auf 1750 m ü.M., über 400 interne und externe Schüler aus Graubünden, der übrigen Schweiz und zahlreichen Ländern der Welt ausgebildet. Das Schulangebot reicht vom deutschen Abitur über die Matura in allen Typen bis zum Handelsdiplom.

ans Dorfende und biegt links in eine Seitenstrasse ein, die zu einem Flurweg führt. Diesem folgt man bis zu den Häusern Plaz am Waldrand, biegt nach rechts ein in den Waldweg durch den God da Plaz und folgt diesem bis hinauf nach ***Muntatsch.*** Der Blick schweift zurück über Bever zum Piz Rosatsch, nach Muottas Muragl, Munt Gravatscha, zum Piz Mezzaun ob Chamues-ch und zum Piz d'Esan im Hintergrund.
Bei der ersten Kehre verlässt man den breiten Waldweg und folgt dem Wanderweg durch dichten Legföhrenbestand um Felsköpfe und Runsen zum Gemeindewald God Cumön. Nun trifft man Nun wandert man zwischen Alpenerlen zum Bach Ova d'Alvra hinab, überschreitet ihn und erreicht schon bald die ***Albulastrasse.*** Dieser folgt man ungefähr 200 m bergwärts bis zur nächsten Kurve und geht die Treppenstufen hinauf. Nun zieht ein angenehmer Wanderweg durch schöne Waldpartien und Legföhrenbestände zur Ebene Plaun Grand. Weiter unten erblickt man die Ruine Guardaval und das Dorf Madulain. Der Pfad führt über die Ebene aufwärts, auf originellen Holzstegen überquert man Sumpfstellen, gelangt in den Wald, und schon bald überquert man den Bach Ova d'Es-cha.

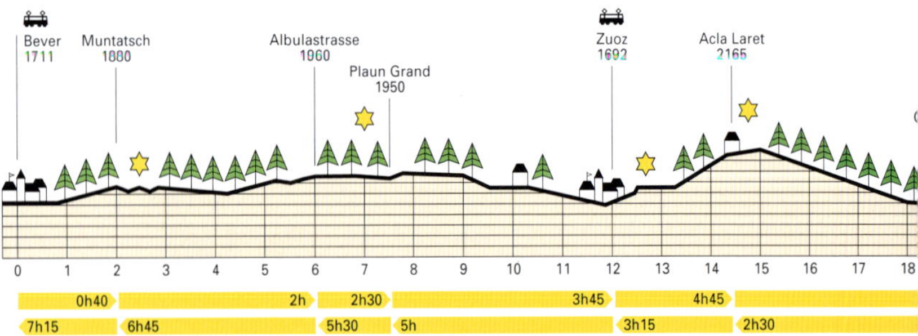

Blick in das Val Bever, durch dessen unteren Abschnitt die Rhätische Bahn nach der Durchquerung des Albulatunnels ins Engadin führt. Das Tal zieht sich fast parallel zum Inntal in Richtung des Julierpasses.

Dem Weg folgt man durch alten Lärchenwald über den ***Plaun Grand*** in das nächste Tobel Vallatscha. Auf der anderen Seite des Tobels steigt man steil hinunter bis zum Alpweg. Diesen überquert man wieder, folgt dem Pfad durch die

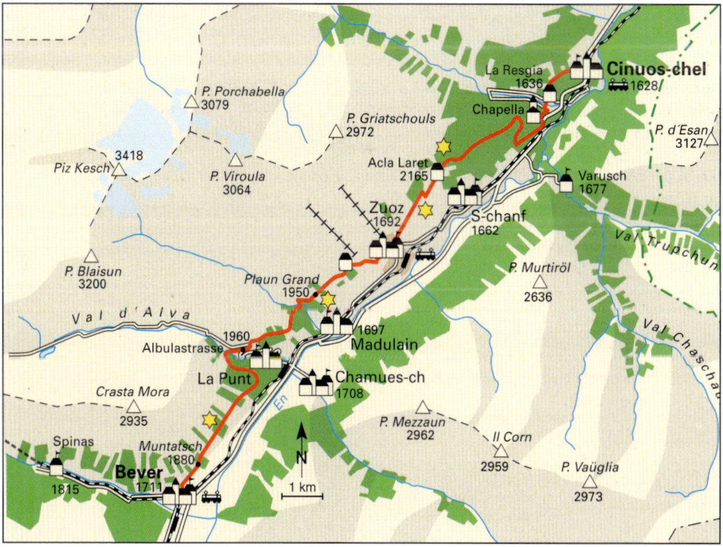

Weiden zum Wald und dann über die Wiesen von Chaminedas zum Val Boschetta hinüber. Hier trifft man auf den Alpweg, der von Zuoz zur Alp Belvair führt. Auf diesem wandert man über Chastlatsch nach Zuoz hinunter. Dabei hat man einen wunderbaren Ausblick auf die Ortschaften Zuoz und S-chanf sowie auf die umliegenden Berge.
Bei den ersten Häusern biegt man rechts ab und erreicht die prächtigen Engadinerhäuser im Dorfzentrum von ***Zuoz.*** Vom Hauptplatz «Plaz» wandert man rechts vorbei am Gemeinde- und Schulhaus bis zur Kreuzung oberhalb des Dorfkerns. Hier biegt man rechts ab, geht Richtung Lyceum Alpinum hinauf und folgt der Strasse ins ***Val d'Urezza.***
Im Tobel steigt der Weg steil an, überquert den Bach und führt über die Wiesen und Maiensässe weiter zum Alpweg Richtung Val Gianduns. Man überquert den Bach und wandert in ziemlicher Steigung zur Alp ***Acla Laret.*** Von hier aus hat man einen schönen Ausblick über Zuoz und S-chanf zum Alpgebiet Arpiglia und ins Val Trupchun mit dem markanten Piz d'Esan.
Dem Weg folgt man über Weiden zu Pt. 2041 und verläuft hier rechts zur Alpstrasse, folgt dieser durch dichten Wald talwärts und zweigt bei der ersten Kehre bei Pt. 1801 links ab. Ein Wanderweg führt erst kurz auf einen Waldweg und zweigt dann links ab, um bis zur Talstrasse zu gelangen. Am Weiler ***Chapella*** vorbei wandert man auf der Seitenstrasse bis zur Abzweigung ins Val Susauna und überquert dann den Bach Vallember. Weiter geht es im Bogen nach rechts, an den Häusern La Resgia (die Säge) vorbei, durch die Unterführungen von Strasse und Bahn. Auf der Lokalstrasse, dem Bahntrassee entlang, erreicht man nach kurzer Zeit den Bahnhof von ***Cinuos-chel.***

Sgraffitogeschmückte Engadinerhäuser säumen die Dorfgassen von Zuoz.

La Punt–Zuoz–S-chanf: Routen 18–20

LA PUNT-CHAMUES-CH
Mit diesem Dorf verbinden sich die Namen zweier Helden, um die im Engadin viele, heute noch geläufige Legenden gesponnen wurden. Es sind Adam von Chamues-ch und Gian Marchet Colani. Ersterer hat im 13. Jh. den hartherzigen Vogt, der auf der Burg Guardaval ob Madulain hauste, umgebracht und damit das Tal von Unterdrückung und Ausbeutung befreit. Der andere, Gian Marchet Colani, ist heute noch als Figur gegenwärtig, besonders in Jägerkreisen (J.Ch. Heer hat ihm im 1900 erschienenen Roman «Der König der Bernina» ein Denkmal gesetzt). Er soll mehr als 2700 Gämsen, zwei Wölfe, drei Bären und zahlreiche weitere Wildtiere erlegt haben.

ZUOZ
Urkundlich wird Zuoz (auf dem Bild im Hintergrund) Anfang des 9. Jh. erwähnt. Der Name soll vom lateinischen subtus, rätoromanisch suot oder sut stammen. 1136/39 kaufte der Bischof von Chur vom Grafen vom Gamertlingen den Hof Zuoz. Durch diesen Kauf wurde Zuoz für nahezu 400 Jahre der Mittelpunkt der bischöflichen Herrschaft im Oberengadin. Im Verlauf des 14. Jh. erwarb sich die Familie Planta in Zuoz verschiedene bischöfliche Ämter als Erblehen. Die Planta waren damit das mächtigste Ministerialengeschlecht des Oberengadins und errangen in dieser Zeit ansehnliche Vorrechte.
Im Verlauf des 16. und 17. Jh. entstand in der Dorfmitte, eingerahmt von Bürger- und Patrizierhäusern, ein geschlossener Platz von imponierender Wirkung. Bis vor 100 Jahren wurde auf diesem Platz die Oberengadiner Landsgemeinde abgehalten.

S-CHANF
S-chanf ist die unterste Gemeinde des Kreises Oberengadin (auf dem Bild im Vordergrund). Einst war S-chanf die grösste Gemeinde des Oberengadins; heute zählt der Ort nur noch 628 Einwohner. Seit 1912 gehören 23 km² des Gemeindeterritoriums zum Nationalpark.

18 Der alte Transitweg führt in den Süden

8h30 La Punt–Val Chamuera–Bernina Suot

Sehr lange Tagestour durch das längste Seitental im mittleren Engadin.

Vom Bahnhof *La Punt-Chamues-ch* geht man gegen den Dorfteil ***La Punt,*** überquert die Hauptstrasse und den Inn und wandert durch das Dorf ***Chamues-ch*** in Richtung Val Chamuera. Am Taleingang geht man am ältesten Mini-Elektrizitätswerk der Bündner Kraftwerke vorbei. Nun folgt ein langer Weg durch das Seitental Val Chamuera. Besonders zu beachten sind hier die interessanten Gesteinsschichten, die bei der Alpenfaltung entstanden sind.

Bei Acla Veglia (Altes Maiensäss) fliesst die Ova Lavirun in die Chamuera. Das Val Lavirun ist wegen seiner vielfältigen Flora vor allem bei den Botanikern sehr beliebt. Nun wird das Tal breiter, und man erreicht ein grosses Gebäude bei ***Serlas.*** Dieses war früher das ganze Jahr bewohnt, dient aber heute nur noch als Alpsäss und Jagdhütte. Die Route führt nun auf der rechten Talseite tiefer ins Val Chamuera über Weiden, dann den Bach überquerend durch lichten Wald weiter zur Alp Prünella. Südlich der Alp erhebt sich der Piz Prünella, der das gleichnamige Tal vom Val Chamuera trennt; östlich sieht man den Munt Cotschen. Von der ***Alp Prünella*** geht man hinab, überschreitet den Bach und steigt zu Pt. 2238 bei Palüd auf. Dann geht es flach bis zum Plaun da Vachas (Kuhboden), ehe der Pfad leicht steigend in den Kessel hinaufführt. Links erhebt sich der Piz La Stretta, rechts der Piz Chatscheders; dazwischen ist der Übergang Fuorcla Chamuera zu sehen.

Man folgt den Pfadspuren und erreicht bei Pt. 2790 die ***Fuorcla Chamuera.*** Hier kann man öfters das Steinwild in den Grashalden beim Äsen beobachten. Der Blick öffnet sich ins Val dal Fain (Heutal) mit den Gipfeln Piz dals Lejs, Piz Minor und Piz Alv, dahinter die Berninagruppe.

Beim Abstieg hält man sich etwas rechts und trifft auf den Pfad, der im Zickzack zur ***Alp La Stretta*** ins Heutal hinunter-

SÄUMER waren für den Warentransport verantwortlich. Ihnen gehörten die Tragtiere; sie übernahmen das Transportgut und brachten es bis zum nächsten Bestimmungsort. Bei einem längeren Passübergang wurden die Waren einige Male umgeladen und die Tiere gewechselt. Viele Bauern betrieben das Säumen als Nebenerwerb.

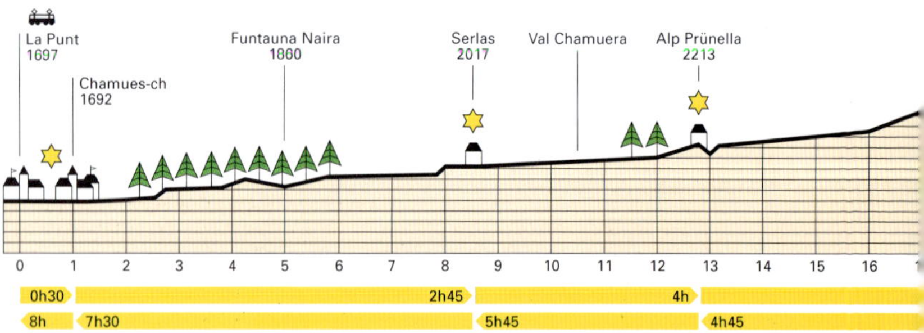

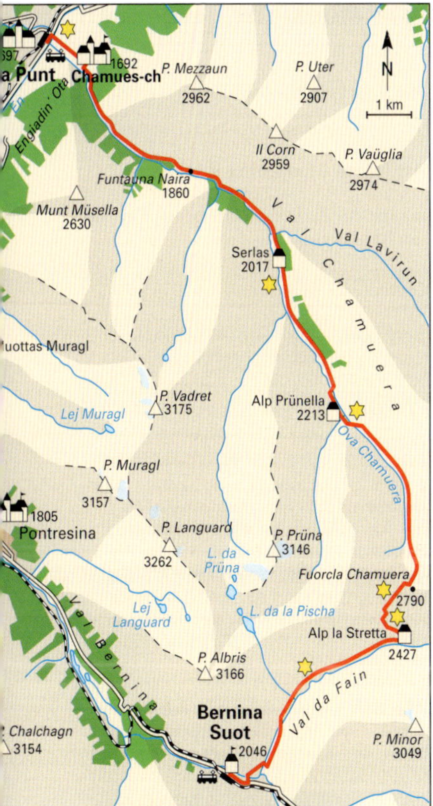

Gasthaus unterwegs
Pontresina, Bernina suot
Berninahaus Hotel,
Tel. 081 842 64 05

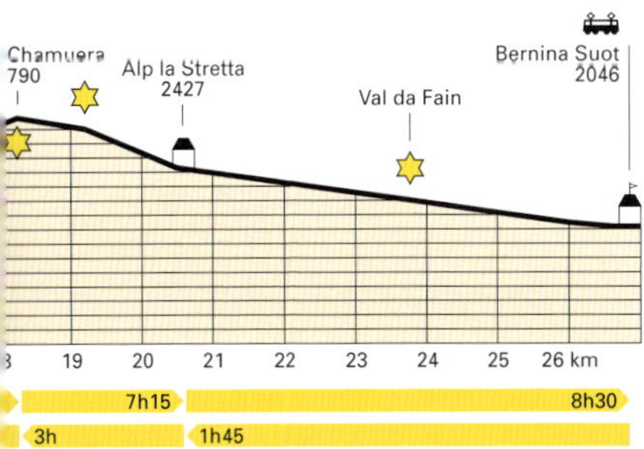

führt. Auf dem Alpweg wandert man auf der rechten Bachseite über die Ebene Plaun Grand talauswärts. Nachdem man den Bach Ova da Bernina überquert hat, erreicht man nach 500 m die Bahnhaltestelle ***Bernina Suot.***

Der tiefblaue Lej da la Pischa, 2770 m, im Hintergrund der markante dreigipflige Piz Palü, 3905 m.

19 Auf der Berghütte die Aussicht geniessen

6h Zuoz–Chamanna d'Es-cha CAS–La Punt-Chamues-ch

Aussichtsreiche Bergwanderung zur SAC-Hütte Chamanna d'Es-cha.

Vom Bahnhof ***Zuoz*** geht man 100 m nach rechts, folgt der Strasse aufwärts an der Kirche St. Luzi vorbei, überquert die Hauptstrasse und geht über den Dorfplatz «Plaz» aufwärts. Zwischen wunderbaren Engadinerhäusern hindurch erreicht man die Wegkreuzung oberhalb des Dorfes und wandert links über Chastlatsch unter der Skiliftstation vorbei zum Val Bos-chetta hinauf. Nach dem Bach Val Bos-chetta folgt die Route rechts auf dem Alpweg hinunter zur ***Alp Es-cha Dadour*** ins Val d'Es-cha. Nach rund 300 m zweigt ein Pfad rechts ins Val Müra ab. Nachdem man den Bach überschritten hat, geht es in steilem Zickzack auf den Muot Ot (Hoher Hügel) hinauf. Dieser wird links umgangen, und man erreicht nach kurzer Zeit die ***Chamanna d'Es-cha CAS.*** Hinter der SAC-Hütte erhebt sich der Piz Cotschen vor dem Piz Kesch, Piz Val Müra und Piz Viroula. Im Süden erblickt man die Bernina-Gruppe. Die romantische Berghütte lädt zu einem kurzen Imbiss ein.

Nun führt ein guter Wanderweg unter dem Piz Cotschen zum Sattel ***Gualdauna*** hinüber und über grosse Weiden der Alp d'Alvra zur ***Albulastrasse.*** Die mächtige Flanke des Dschimels, Piz da las Blais, Piz Mez und Crasta Mora präsentieren sich auf der anderen Talseite. Nachdem man 200 m der Passstrasse aufwärts zur Punt Granda (Grosse Brücke) gefolgt ist, überquert man das Tal und geht über das Weidegebiet der ***Alp Nova*** (Neue Alp) und der Alp Proliebas zum Bach Ova d'Alvra hinunter. Nach der Brücke verläuft die Wanderroute unterhalb der Passstrasse parallel zum Strassenrand, wobei sie die Kurve mitvollzieht, und weiter über einen Pfad rechts in die Schlucht hinunter.
Man überschreitet die Via Engiadina, wandert kurz der Passstrasse entlang und geht auf einem alten Wegstück den

CRAP ALV. An der Albula-Passstrasse oberhalb des Palpuogna-Sees liegt Crap Alv (Weisser Stein). Früher wurde hier ein Berggasthaus betrieben, das bei Ruttnern (Wegmachern) und Säumern (den Verantwortlichen für den Warentransport) geschätzt war. Es bot die einzige Unterkunft am Albulapass, der im Winter wegen der Lawinen sehr gefürchtet war. Heute gehört die Alp dem Bund, und die ETH hat hier einen Versuchsbetrieb für Tierzucht eingerichtet.

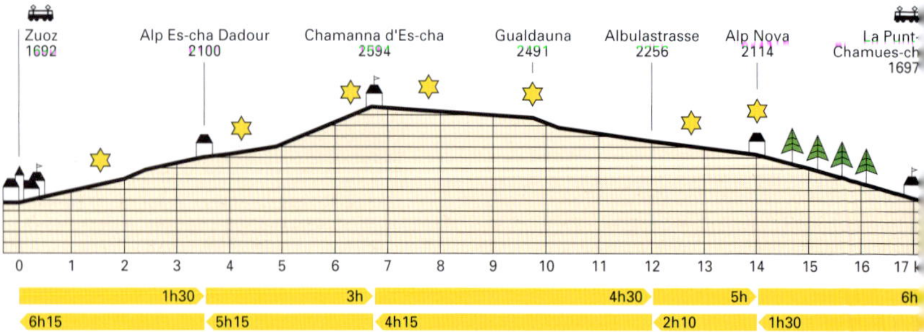

Gasthäuser unterwegs
Zuoz
Chamanna d' Es-cha CAS,
Tel. 081 854 17 55

Unterwegs zur Chamanna d'Es-cha CAS. Die Hütte wird von Wanderern viel benützt, die eine Rundtour machen möchten, aber auch von Alpinisten, die über die Porta d'Es-cha den Piz Kesch besteigen.

Landkartenflechten, Moose und Bergblumen wachsen in den kleinsten Ritzen des kristallinen Gesteins.

Hang hinunter. Hier überquert man den Bach und erreicht wieder die Passstrasse, der man nun bis zum Bahnübergang folgt, um nach rechts abbiegend zum Bahnhof ***La Punt-Chamues-ch*** zu gelangen.

20 Unberührte Natur – der Nationalpark

5h20 S-chanf–Val Trupchun–S-chanf

Genussreiche Bergwanderung ins wildreiche Val Trupchun.

Vom Bahnhof ***S-chanf*** geht man links gegen das Dorf, überquert die Hauptstrasse rechts um die Kirche und wandert durch den unteren Dorfteil zur Innbrücke hinunter. Diese überquert man, geht durch die Unterführung der Umfahrungsstrasse bei Bügls und wandert links entlang der Strasse zum Nationalpark bis zum grossen Parkplatz. Rechts am Waldrand zweigt der Wanderweg ab, der durch den God Aruozzas führt. Leicht fallend führt er ins ***Val da Scrigns.*** Nach einer Lichtung überquert man den Weg und anschliessend den Bach Ova da Chaschauna.

Fichtenwald leicht aufwärts zur Grenze des Nationalparks. Bitte machen Sie sich unbedingt mit den Parkvorschriften vertraut; die Anweisungen sind den Tafeln zu entnehmen.

Das Gebiet im Val Trupchun ist berühmt für die Wild-, Blumen- und sonstige Pflanzenvielfalt. Mit dem Fernglas kann der Wanderer Wildtiere in ihrem natürlichen Lebensraum beobachten. Man folgt dem Wanderweg zwischen Legföhren, Arven und Lärchen taleinwärts. Dabei bieten sich in den baumfreien Lawinenzügen und auf den Kreten gute Ausblicke. Ein Lehrpfad mit einigen ori-

DER NATIONALPARK ist ein Naturreservat, in dem jegliche Nutzung und Pflege des Waldes und der Weiden unterbleiben und Jagd und Fischerei untersagt sind. Die gesamte Tier- und Pflanzenwelt bleibt ganz ihrer freien, natürlichen Entwicklung überlassen. Der Park dient auch der wissenschaftlichen Forschung. Bis heute sind im Park etwa 5000 Tierarten bestimmt worden, davon etwa 97% Wirbellose. Als erstes wurde 1909 vertraglich das Val Cluozza unter totalen Schutz gestellt. In den nächsten Jahren folgten noch weitere Gebiete. Die Gründung des Nationalparks konnte am 1. August 1914 gefeiert werden. Heute umfasst er eine Fläche von 168,7 km^2.

Dem Bach folgt man kurz aufwärts, zweigt links ab und erreicht so die Alpstrasse, die man bei der nächsten Kehre verlässt, um links abzuzweigen. Nun führt ein schöner Waldweg durch den

ginellen Tafeln beschreibt die heimischen Wildarten und Besonderheiten im Tal.

Nach dem Wald God Malögetta senkt sich der Wanderweg gegen den Bach

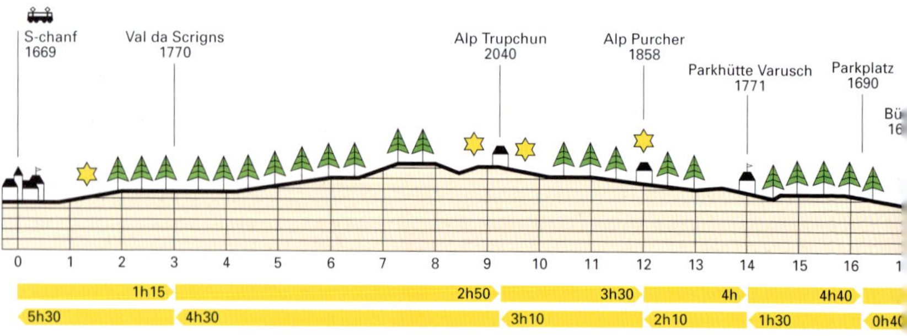

Gasthaus unterwegs
S-chanf
Parkhütte Varusch, Tel. 081 854 31 22

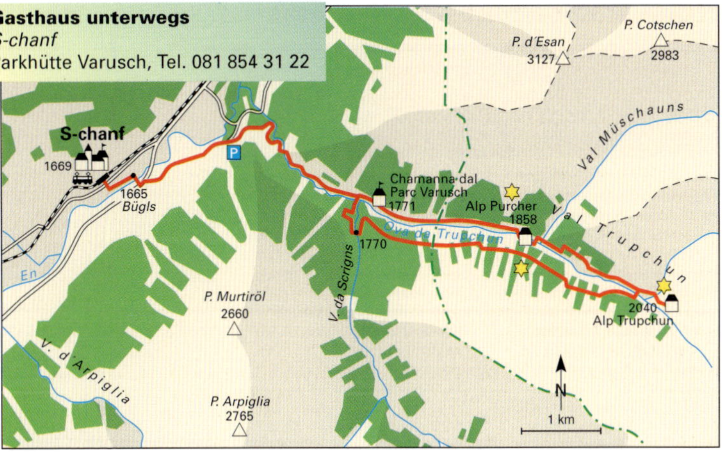

Besonders lohnenswert ist die Wanderung ins Val Trupchun im Spätherbst, wenn die imposanten Hirschrudel während der Brunftzeit gut beobachtet werden können.

nach Ova da Trupchun. Man überquert ihn und steigt zu den Weiden der ***Alp Trupchun*** auf. Hier tummeln sich oft Murmeltiere im offenen Gelände neben dem Wanderweg. An den Hängen nördlich und südlich der Alp kann man äsende Hirsche, Gämse und Steinböcke beobachten, und nicht selten segelt der Steinadler oder sogar der Bartgeier übers Tal.

Der *Rückweg* verläuft auf der rechten Talseite durch den Arven-Lärchen-Wald von Dschembrina ins Tal hinunter. Man überquert Lawinenzüge und Runsen und erreicht die Talsohle an der Stelle, wo rechts das Val Müschauns einmündet. Auf einem Steg überschreitet man den Bergbach und gelangt zur ***Alp Purcher.*** Auf der rechten Talseite erhebt sich eine sehr interessante Felswand, und man sieht, wie bei der Alpenfaltung die vielen Gesteinsschichten übereinandergeschoben wurden.

Nach der Alp überquert man den Bach wieder und erreicht dem Waldrand entlang die Parkgrenze und kurze Zeit später die Wiesen von Chanels. Hier steht etwas erhöht die ***Parkhütte Varusch,*** wo man sich verpflegen oder die Pferdekutsche nach S-chanf nehmen kann.

Von der Parkhütte aus folgt man der Naturstrasse zum ***Parkplatz,*** und auf der geteerten Strasse gelangt man zurück nach ***S-chanf.***

Surses: Routen 21–28

Das Surses, zu deutsch Oberhalbstein, erstreckt sich vom Julierpass bis zum Albulatal. Über Jahrhunderte hatte das Surses vor allem wegen seiner Pässe Richtung Süden eine bewegte Geschichte. Septimer und Julier waren schon den Römern bekannt. Im Itinerarium Antonini, auf dem die römischen Handels- und Militärstrassen eingezeichnet sind, werden die Orte Como, Castelmurum im Bergell, Tinzen und Chur namentlich aufgeführt.
Aus römischer Zeit fand man auf der Septimer-Passhöhe Tongeschirr und andere Gebrauchsgegenstände. Der Bischof von Chur beauftragte im Jahre 1387 Jakob von Castelmur mit dem Ausbau der Septimerstrasse von Tinzen bis Plurs (dem heutigen Piuro im italienischen Bergell).
So entstand die erste befahrbare Strasse im Mittelalter über die Alpen. Die Septimer-Route war kürzer als die Julier-Strecke, und die deutschen Kaiser erklärten sie wohl deshalb zur Reichsstrasse. Der zunehmende Handel zwischen Nord und Süd -- Deutschland und Italien -- verlangte geordnete Verhältnisse. So entstanden Transportverbände, die sogenannten Porten. An der Septimerstrasse bestanden vier Porten, und zwar in Lenz, Tinzen, Bivio und Vicosoprano. An der Spitze der Porten stand der Teiler, der den Portgenossen die Ladung zuwies und so Streit unter den Fuhrleuten vermied. Die Fuhrleute waren verpflichtet, die Ware sofort zu befördern. Für den Strassenunterhalt bezogen die Porten ein Weggeld. An den Portengrenzen wurde das Transportgut weitergegeben. Ein Warentransport von Chur nach Chiavenna dauerte damals 6 bis 10 Tage.
Das Surses war aber schon viel früher besiedelt. Etwa 500 m südlich von Savognin entdeckte man guterhaltene Spuren aus der Bronzezeit. Die ältesten Häuser der damaligen Siedlung stammen aus der Zeit von 1800 bis 1600 v.Chr. Die Ausgrabungen zeigen, dass im Surses während der Bronzezeit Kupfer verarbeitet wurde. Ein Fund von 140 Bernsteinperlen deutet auf einen gewissen Wohlstand hin.
Heute ist Savognin das touristische Zentrum des Surses, das seine rätoromanische Identität vergleichsweise gut bewahren konnte. Das Klima ist typisch für inneralpine Täler. Relative Trockenheit und viele Sonnentage prägen die Region. Das Wetter wird häufig von der Alpensüdseite her bestimmt. Das Oberhalbstein mit seinen vielen Kirchen im südlichen Barockstil und seiner harmonischen Landschaft, die den Maler Giovanni Segantini so sehr faszinierte, ist so etwas wie der Vorraum des Engadins. Mit Ziteil (S. 72) verfügt das Surses über den höchstgelegenen Wallfahrtsort Europas.

21 Wo früher die Pferde gewechselt wurden

6h Bivio–Stallerberg–Val da Faller–Mulegns

Wanderung von Bivio zum Übergang nach dem Avers und von dort über die Fuorcla da Faller ins Val Bercla und weiter nach Mulegns, einen Ort mit grosser Vergangenheit.

Der Weg zum Stallerberg beginnt in ***Bivio*** bei der Brücke über die Valletta und führt anfangs recht steil über Weiden und Magerwiesen hinauf zur Terrasse von ***Plang Tguils*** und von dort durch eine Talverengung empor zum ***Stallerberg,*** dem in früheren Zeiten für die Bewohner des Aversertals wichtigen Übergang. Von der Passhöhe steigt man nach Norden zu den Flüeseen und durch das Tälchen hinauf zur ***Fuorcla da Faller*** (Pt. 2838).
Auf der andern Seite über die Geröllhalden nordwärts ins Val Bercla, das östlich des mächtigen Piz Platta zur Ebene von Plang nach Tga ins Val Faller führt, wo das Strässchen der Ava da Faller entlang nach ***Mulegns*** verläuft.

MULEGNS/MÜHLEN. Bei der Fahrt über den Julier nimmt man das kleine Dorf Mulegns/Mühlen kaum wahr. Man macht sich daher kaum noch klar, welch grosse Bedeutung die Ortschaft noch im vergangenen Jahrhundert als Pferdewechselstelle im Passverkehr hatte. Neben Churwalden und Tiefencastel war Mulegns die dritte Station, in welcher die Gespanne ausgetauscht wurden. Die Fuhrhalterei brachte Arbeit ins Dorf, denn die riesigen Stallbauten, die bis zu 150 Einstellplätze für Pferde boten, wollten unterhalten, aber auch die Zugtiere wollten gepflegt und die Fuhrleute genährt werden. Als nach der Jahrhundertwende die Albulalinie der RhB eröffnet wurde, verlor der Ort nicht nur an Bedeutung, auch die Arbeitsplätze wurden rar, und in kürzester Zeit kam es zu einem Bevölkerungsschwund.

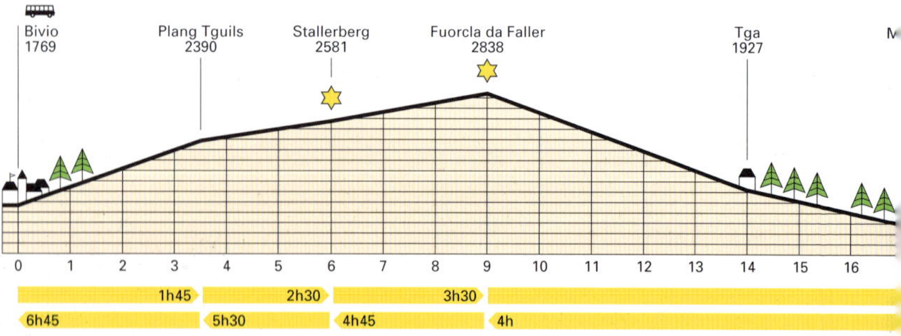

Abzweigung
Val Gronda–Fuorcla Curtegns–Fuorcla Starlera–Innerferrera
Beim Maiensäss ***Tga*** führt der Weg durch die Ebene nach Plang. Dort teilt sich das Tal ins Val Bercla und ins westwärts emporziehende Val Gronda. Nördlich des Baches führt ein Pfad hinauf zur 2658 m hohen Fuorcla Curtegns, von wo eine Verbindung mit der Fuorcla Starlera (Pt. 2512) besteht, welche das Val Curtegns mit dem Val Starlera verbindet und nach Innerferrera führt. Von ***Plang*** bis ***Innerferrera*** 🚌 5h.

Gasthäuser unterwegs
Bivio: 6 Restaurants, 4 Hotels
Verkehrsverein: Tel. 081 684 53 23
Mulegns
Ski- und Wanderhütte Piz Platta (Übernachtungsmöglichkeit), Tel. 081 684 55 95
Posthotel Liung (Löwen), Tel. 081 684 51 41

Das Passdorf Bivio, Ausgangspunkt für viele Wanderungen – sei es über den Julierpass, über den Lunghinpass, Septimerpass oder Stallerberg –, kann seinen südlichen Einfluss nicht verhehlen. Interessant ist die einmalige Sprachsituation: Italienisch, Rätoromanisch und Deutsch werden in Bivio gesprochen, wobei die Einheimischen jeweils mehr als ein Idiom beherrschen. Von alters her war Bivio auch ein Verkehrsknotenpunkt. Bivio heisst bezeichnenderweise auf deutsch Wegscheide, und es leidet heute unter dem massiven Durchgangsverkehr, der sich mitten durch das Dorf zwängt.

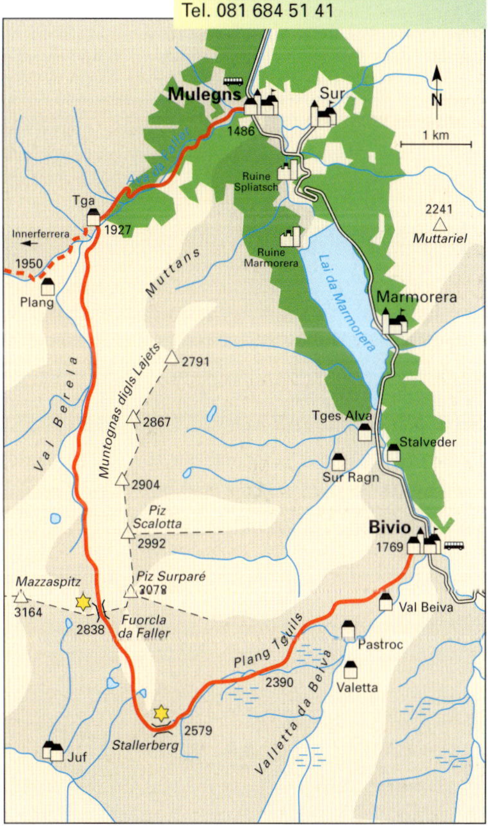

22 Bergwandern für Fortgeschrittene

8h30 Tinizong–Val d'Err–Pass d'Ela–Filisur

Es wird in Graubünden wenige Wanderungen geben, die derart grossartig und überwältigend sind wie diese Gebirgstour, die vom Oberhalbstein ins Albulatal führt. Eine besondere Attraktion stellen die riesigen Kalkwände der Bergünerstöcke dar. Diese lange Wanderung erfordert Ausdauer und einige Erfahrung in den Bergen.

Von ***Savognin*** über den Kapellweg hinauf zum Waldrand, rechts auf den Wanderweg und diesem entlang nach Tinizong. Dort beginnt der Aufstieg zum Maiensäss Tgant ***Pensa*** und weiter auf dem Fahrweg empor zur Alp Viglia.

Das Surses, zu deutsch Oberhalbstein, erstreckt sich von Tiefencastel in Richtung Süden. Wegen der Alpenübergänge (Julier, Septimer) hatte dieses Tal von jeher grosse Bedeutung. Der rätoromanische Name Surses (Ob dem Stein) besagt, dass die Region bei Crap Ses, der schluchtartigen Verengung gegen die Albula hin, beginnt und oben an den Pässen endet. Dazwischen besteht eine wichtige Grenze, die Verengung zwischen Tinizong und Rona, die durchgehend bewaldet ist und das Tal in die beiden Hälften sotgôt (unter dem Wald) und surgôt (ob dem Wald) teilt. Kommt man von Norden, betritt man nach Crap Ses die breite Talmulde von Savognin mit ihren vielen Dörfern, wo nach Südwesten das grösste Nebental, das Val Nandro, abzweigt. Die folgende Stufe bei Rona wurde von einem Bergsturz gebildet, wobei sich ein See staute. Den ehemaligen Seeboden erkennt man immer noch. Nach einer Steigung von 200 m erreicht man den Stausee von Marmorera, welcher die ganze Talstufe ausfüllt. Dann gelangt man nach Bivio, wo die eigentlichen Passübergänge beginnen.

Hinter den Alphütten findet man die Abzweigung nach Cotschna und folgt dem Bach bis zum Talhintergrund mit dem seltsamen Namen ***Egipta.*** Dann gilt es, auf kurzer Strecke einen Höhenunterschied von beinahe 400 m zu überwinden. Dieser Steilanstieg bis zu den Seen Lajets erfolgt in Zickzackkehren, die zur breiten und ausgedehnten Terrasse mit den Seen im Vordergrund führen, in welchen sich die gewaltige Kalkwand des Piz d'Ela (3338 m) spiegelt. Gleich beim Betreten der eindrücklichen Terrasse trennen sich zwei Routen. Nach rechts steigt man zur Fuorcla Tschitta auf und von dort in 3h15 hinunter über Val Tschitta nach Naz und Preda an der Albulastrecke der RhB.

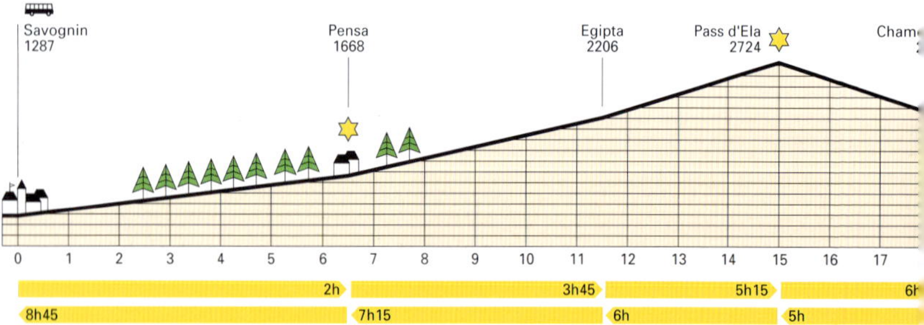

Der Weg zum ***Pass d'Ela*** führt links leicht aufwärts zu zwei kleineren Seen und dann auf gut sichtbarem und markiertem Pfad empor zum Pass. Eindrücklich ist hier der Blick auf den Piz d'Ela und auf der andern Seite zum Corn da Tinizong (Tinzenhorn). Nach Norden schaut man in den Talhintergrund des Val Spadlatscha. Beim Abstieg gelangt man in kurzer Zeit zu den ***Chamonas d'Ela*** des SAC (Übernachtungsmöglichkeit) und weiter hinunter in das liebliche Tälchen Spadlatscha. Der Fahrweg führt durch Blumenwiesen, die von Waldpartien unterbrochen sind.

Wo der Selabach nach links in die Tiefe verschwindet, hält sich das Strässchen nach rechts und gewinnt die bewaldeten Hänge, die sich zur Albula hinunterziehen. Man folgt dem Wanderweg und gelangt zur Ortschaft ***Filisur,*** wobei man zuletzt zur Station der Rhätischen Bahn aufsteigt.

Gasthäuser unterwegs

Savognin: 12 Hotels, 9 Restaurants
Verkehrsverein: Tel. 081 659 16 16

Tinizong
Restaurant/Hotel Piz d'Err
Tel. 081 684 11 88, Restaurant/
Hotel Sternen, Tel. 081 684 11 84
Chamonas d'Ela, Tel. 081 404 14 03
(Hüttenwarttelefon)

Filisur: 4 Hotels, Restaurant Rätia,
Tel. 081 407 11 52

Das Tinzenhorn (Corn da Tinizong, 3142 m) mit seiner Südwand, an der sich im Sommer gerne Kletterer und Alpinisten versuchen.

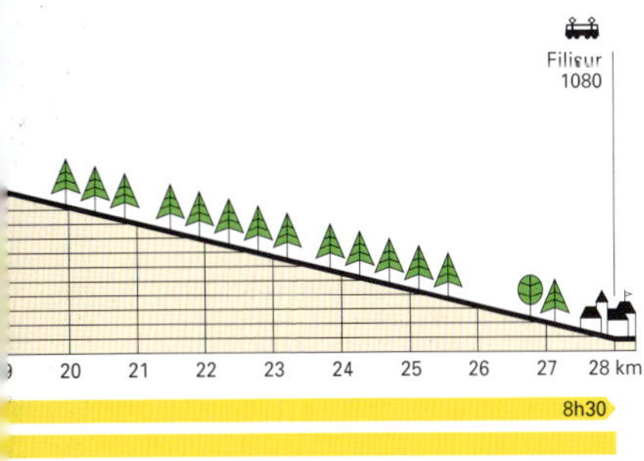

23 Die wiedererstandene Stadt «Tect»

3h15 Savognin–Muntschect–Promastgel–Motta Palousa

Wanderung über die rechte Talseite zum Aussichtspunkt Motta Palousa. Wer will, kann auch einen Abstecher ins prähistorische Surses machen.

Man verlässt ***Savognin*** und wandert von der Dorfmitte aufwärts über den Kapellenweg zu den letzten Häusergruppen beidseits des Baches in Soras.

Vor dem nördlich liegenden Lärchenwald Lareschs zweigt man links ab und findet, dem Waldrand entlangwandernd, die Verbindung zum Strässchen, das von Cunter heraufführt. Man folgt diesem durch den Wald und erreicht nach zwei grossen Kehren das Maiensäss Muntschect Davains und, nach Norden drehend, das Maiensäss ***Muntschect*** Dafora (Pt. 1547). Den Weg weitergehend, überschreitet man das Bächlein Val Bunga, wonach man horizontal den Wald zur Kehre (Parkplatz; Pt. 1625) des Waldweges von Cunter herauf quert. Kurz darauf betritt man das Maiensäss ***Promastgel*** mit der langen Reihe von Hütten und Ställen, welche am Weg aufgereiht stehen. Man wandert stets nordwärts und verlässt die Wiesen an ihrem oberen Rand, um nach einem Waldstück in das ausgeprägte Val da Burvagn einzudringen. Nachdem man die Wasserläufe gequert hat, steigt man leicht empor bis östlich der Felsen Crap d'Uigls. In zwei Kehren überwindet der Weg die Höhendifferenz nach Curtegns, wo man

Die Gegend von Savognin wurde zwar schon in vorgeschichtlicher Zeit besiedelt. In der jüngsten Zeit aber wurde es sozusagen zweimal entdeckt: das erstemal, als der italienische Maler Giovanni Sengantini 1886 über den Alpenkamm zog und sich für acht Jahre in Savognin niederliess. Als Darsteller der Bergwelt wurde er weltberühmt, und seine Werke trugen auch den Ruf Savognins in die Welt hinaus. Die zweite Entdeckung erlebte der Ort in den Nachkriegsjahren nach 1945, als Graubünden nach geeigneten Kurorten Ausschau hielt. Wie die Gegend mit ihren Schönheiten schon Segantini gefangengenommen hatte, so wurden auch die Touristiker auf die einzigartige Landschaft aufmerksam. Es wurden Hotels und Pensionen eingerichtet und all das bereitgestellt, was zu einem Sportort gehört. Der grosse und sagenumwobene Bergsturzkegel mit dem Namen Tect wurde überbaut, und die uralte Sage, dass dort einst die Stadt «Tect» untergegangen sei, ist erneut aktuell: Tect ist wiedererstanden.

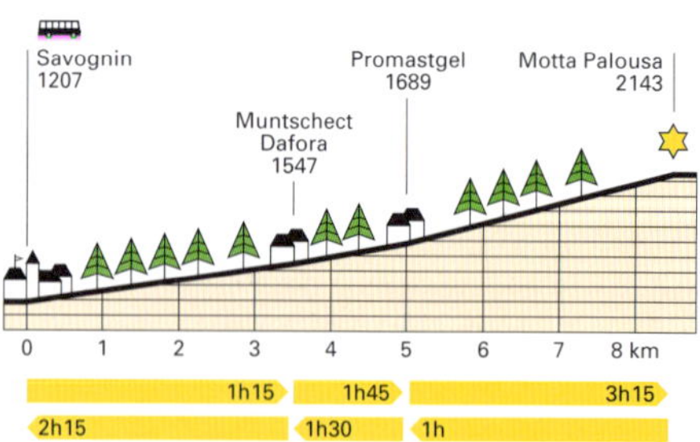

In einer weiten Mulde liegt Savognin. Dieser Talabschnitt wird auch Sot Gôt («unter dem Wald gelegen») genannt. Die ältesten Höfe der Region sind schon im karolingischen Reichsurbar aufgeführt. Das heutige Savognin hat schon verschiedene Namensänderungen durchgemacht; so hiess es z.B. Suvaneng oder Suanneng, ebenso in der verdeutschten Form Schweiningen.

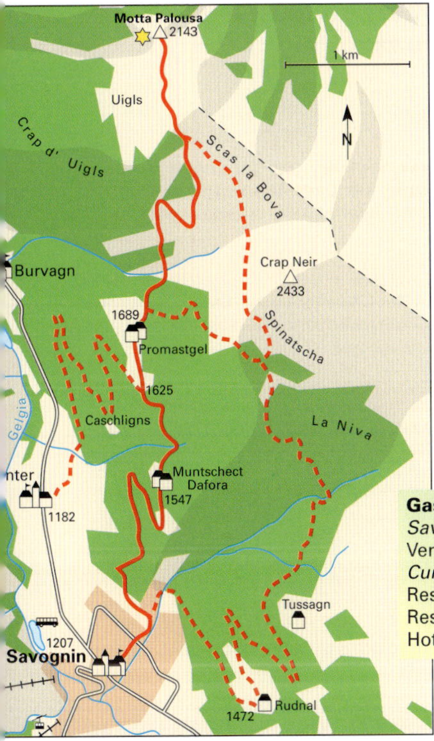

die 2000-m-Grenze überschreitet. Weiter in gleicher Richtung emporsteigend, gelangt man zur Terrasse Uigls, die vom Crap d'Uigls und vom Crap digls Anghels gestützt wird. Bei Pt. 2176 hat man die Höhe erklommen; man umschreitet den Ausläufer des Crap la Massa und wandert auf der anderen Seite zur Alp Ozur hinunter, wo der Weg nach Surava beginnt. Beim Betreten der Terrasse Uigls hält man nach links und wandert geradeaus zum markanten Aussichtspunkt ***Motta Palousa*** (Pt. 2143). Von dieser Stelle aus hat man eine umfassende Sicht auf die umliegenden Täler und Dörfer: auf das Albulatal, durch die Schinschlucht hinunter bis Thusis, über die Lenzerheide hinaus, in das Tal des Landwassers nach Monstein und rückwärts auf die Talstufe von Savognin mit dem Seitental Val Nandro.

Gasthäuser unterwegs
Savognin: 12 Hotels, 9 Restaurants
Verkehrsverein: Tel. 081 659 16 16
Cunter
Restaurant Dafora, Tel. 081 684 16 33
Restaurant/Hotel Post, Tel. 081 659 10 20
Hotel Tgesa Scarpatetti, Tel. 081 684 26 66

Abzweigung

Beim Rückweg von der ***Motta Palousa*** kann man in 2h45 unter Überwindung einiger Höhenmeter via den Rutschhang Scas la Bova nach Spinatscha links am Brunnentrog vorbei durch den lichten Bergföhrenwald nach ***La Niva*** und ***Crap Alv*** gelangen. Nun folgt man dem Waldsträsschen nach Rudnal und über den alten Weg nach Savognin 🚌 oder in 1h15 nach Promastgel. Bei Pt. 1625 folgt man dem Waldweg, der in grossen Kehren zur Ortschaft führt. Nach der zweiten Kehre gelangt man zur Waldlichtung Caschligns. Dort befindet sich die prähistorische Ausgrabungsstelle, wo eine Siedlung der Bronzezeit entdeckt wurde. Hier soll sich zudem eine vorgeschichtliche Kultstätte befunden haben. Über den Wald Ruantschi erreicht man Dorfwiesen und die Ortschaft ***Cunter*** 🚌.

24 Rundtour zum höchstgelegenen Wallfahrtsort Europas

3h45 Salouf–Munter–Ziteil

Eine Wanderung im Gebiet des Piz Toissa, welcher das Tal gegen Norden abschliesst. Verbindet man die Wanderung mit dem Abstieg über Cre digl Lai, so wird sie zu einer Rundtour, die wieder zum Ausgangsort zurückführt.

Salouf gehört zu den eindrücklichsten Dörfern im Surses. Es liegt auf einer Terrasse der Sonnenseite und weist eine Reihe interessanter Gebäude auf. Die 1498 erbaute Kirche steht oberhalb der Ortschaft und hat den ursprünglichen gotischen Stil bewahrt. Als Pfarrhaus mit eingebauter Kapelle dient das ehemalige Kapuzinerhospiz, das 1726 entstand. Beim Dorfeingang bemerkt man ein besonders markantes Haus, welches als Geburtshaus des Bündner Kriegshelden Benedikt Fontana gilt. Fontana, dessen Denkmal mitten in Chur steht, fiel 1499 in der Calvenschlacht. Salouf besitzt die einzige Mühle im Surses, die noch betriebsbereit ist.

Marienerscheinung und Wallfahrt. Im Juli 1580 ist einem Hirtenbub die «Weisse Frau» von Ziteil erschienen. Aus diesem Anlass wurde eine kleine Kapelle errichtet. Florin Candrian, Pfarrherr zu Salouf und Custos von Ziteil zwischen 1682 und 1725, liess die Kapelle vergrössern und einige Räumlichkeiten für Pilger erstellen. 1846 entstand das heutige Pilgerhaus. 1949 wurde ein weiteres Gebäude errichtet. 1953 erfolgte ein Umbau zu einem einzigen Saal, um den Pilgerstrom besser betreuen zu können. Für die Gläubigen bestehen rund 150 Schlafplätze, und auch die Priester und Geistlichen verfügen über sechs Zimmer mit Beichtstuhl. Die heutige Kirche wurde 1959 eingeweiht. 1995 wurde eine Solaranlage für das Licht installiert. Jeden Sonntag im Juli, August und September werden Wallfahrtsgottesdienste abgehalten. Um sich einen Platz zu sichern, lohnt sich eine Voranmeldung. Unter der Woche sind die Wallfahrtskirche und das Pilgerhaus üblicherweise geschlossen.

Vom südlichen Dorfteil in Salouf führt ein alter Feldweg westwärts über die Weiden hinauf, kreuzt sich mit der Fahrstrasse und dringt bei der Brücke über den Bach Balandegn in die Waldungen, welche die Flanken des Piz Toissa bedecken.
Nachdem man mehrmals die Fahrstrasse gekreuzt hat, gelangt man leicht

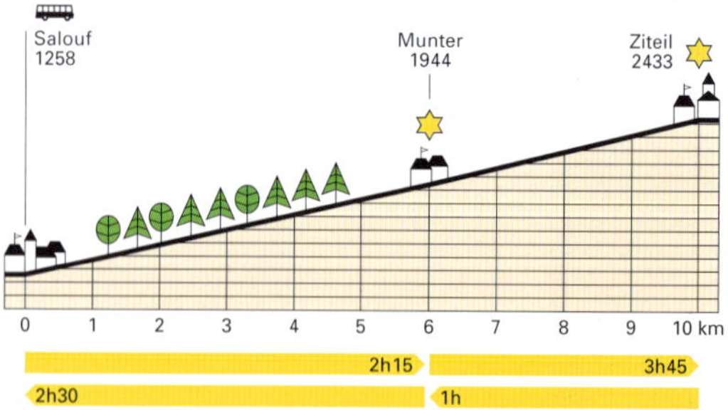

ansteigend durch Lärchen nach Plaz da Munter hinauf. Dort steht den Ziteil-Pilgern ein grosser Parkplatz zur Verfügung. Dann erreicht man in wenigen Minuten über die Wiesen von Prada das Maiensäss ***Munter,*** das weit über die Landschaft des Albulatals und der Lenzerheide hinausschaut.

Von Munter (Pt. 1944) kann man auf dem Alpweg zur Furcletta zwischen Piz Toissa und Curver Pintg zur Wallfahrtskirche ***Ziteil*** (Pt. 2433) hinaufsteigen.

Abzweigung

Obermutten 2h45, Retourweg über *Cre digl Lai–Salouf* 🚌 2h.

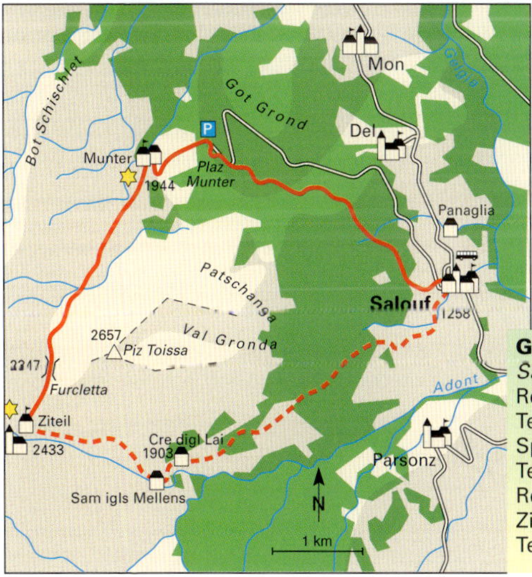

Dorfansicht von Salouf mit Piz Toissa (2656 m). Wer das Bauerndorf durchstreifen will, braucht etwas Zeit; so ist es fast ein Muss, ausserhalb des Dorfes am Fusse des Piz Curver die Wallfahrtskirche Ziteil zu besuchen. In Salouf war auch der Bündner Freiheitsheld Benedikt Fontana zu Hause, der in der Calvenschlacht 1499 sein Leben verlor.

Gasthäuser unterwegs

Salouf

Restaurant Alpina,
Tel. 081 684 26 04
Sporthotel,
Tel. 081 669 11 11
Reservation für Pilgerhaus Ziteil, Pfarramt Salouf,
Tel. 081 684 12 82

25 Abseits der Verkehrsströme

4h45 Tiefencastel–Stierva–Sur Coual–Obermutten

Das ausgedehnte Gelände nördlich des Piz Toissa mit den Ortschaften Stierva und Mon bietet zahlreiche Wandermöglichkeiten. Die Postkurse von Tiefencastel her erlauben individuelle Zusammenstellungen.

Der Aufstieg nach Mon und Stierva beginnt in ***Tiefencastel*** gleich nach der Brücke über die Julia. Man kann der verkehrsarmen Fahrstrasse folgen, von der bei der ersten Kehre ein Pfad abzweigt, der nach Sanagn (Pt. 1207) führt und von dort entweder rechts nach Stierva oder links nach Mon leitet. Kurz nach der zweiten Kehre steigt ein Pfad durch die Wiesen steil empor zur alten Kirche St. Cosmas und Damian und in wenigen Minuten bis Mon. Von Tiefencastel 1h30. Die Ortschaft ***Stierva*** ist Ausgangspunkt für verschiedene Wanderungen. Im Ort steht die Pfarrkirche Sta. Maria Magdalena, ein Bau der Spätgotik, deren besonderer Schmuck ein Flügelaltar aus jener Zeit ist; er stammt aus einer Ulmer Werkstatt. Mon–Stierva 30 Min.

Vom oberen Dorfende wandert man westwärts hinauf zu den Maiensässen Bargung und weiter nach Tiragn und steigt auf dem Alpweg zur Alp Narglesa auf. Über der Waldgrenze geht es weiter zum Aussichtspunkt ***Sur Coual*** und über die Veia Surmirana nach ***Obermutten,*** oder über Samest nach Zillis. Ebenfalls am Dorfende von Stürvis beginnt der Aufstieg nach Munter, der in Richtung Süden über Dartschapetta erfolgt. Vom Maiensäss Munter schaut man hinüber zur Lenzerheide und über

STIERVA. Diese Wanderung führt unter anderem nach Stierva (deutsch Stürvis), das hoch über dem unteren Albulatal gelegen ist. Stiervas Schicksal im Positiven wie im Negativen ist seine Abgelegenheit. Keine Durchgangsstrasse führt vorbei, und somit halten sich auch die Touristenströme, von denen die weiter unten im Talboden gelegenen Dörfer profitieren, in engen Grenzen. Stierva hat dafür seinen Charakter und auch seine ländlichen Strukturen weitgehend bewahrt. Dabei beherbergt der Ort Kulturgüter, die äusserst sehenswert sind. Die Stürviser Kirche, der hl. Maria Magdalena geweiht, und der daneben stehende Turm sind von regionaler Bedeutung. Ein Gotteshaus ist in Stierva schon im Jahr 831 belegt. «La Tuor», ein mittelalterlicher Wohnturm, wurde vor einigen Jahrzehnten von einem Blitzschlag beschädigt, danach aber wieder restauriert.

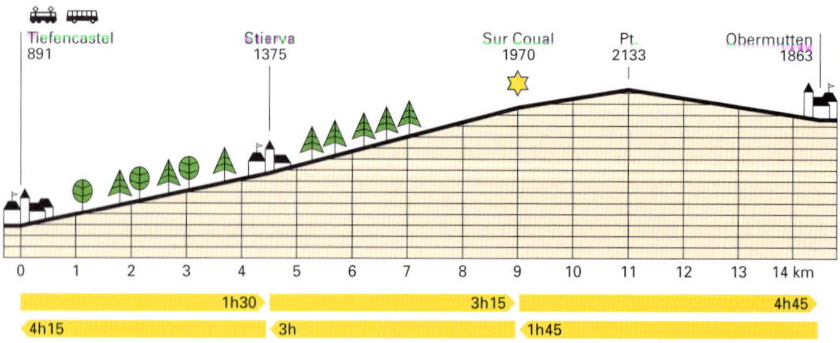

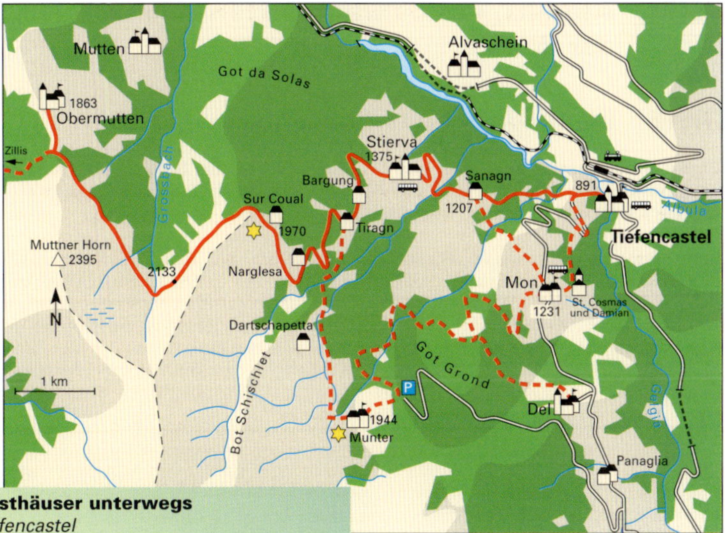

Gasthäuser unterwegs
Tiefencastel
Restaurant Rätia, Tel. 081 681 13 44
Hotel Albula und Julier, Tel. 081 659 04 00
Stierva
Restaurant Bellavista, Tel. 081 681 11 75
Tgesa Piz Ot, Tel. 081 681 11 78
Mon
Restaurant Avant Porta, Tel. 081 681 11 31
Obermutten
Restaurant Alpenblick, Tel. 081 681 12 84
Restaurant Post, Tel. 081 659 02 02

das Albulatal hinweg zum Tal des Landwassers. Der Abstieg vom 1944 m hoch gelegenen Munter erfolgt durch den Wald Got Grond nach Mon oder Del.

Obermutten. Typisch walserisch sind nur die Häuser, nicht jedoch der geschlossene Siedlungscharakter. Eine besondere Augenweide ist das Kirchlein, das komplett aus Lärchenholz gebaut wurde.

26 Alp Flix, vor Jahrhunderten Heimat der Walser

3h15 Bivio–Alp Natons–Salategnas–Alp Flix

Eine der schönsten Wanderungen im hinteren Teil des Surses; sie führt zur aussichtsreichen Terrasse der Alp Flix, wo verschiedene Möglichkeiten für den Abstieg ins Tal bestehen.

Beim nördlichen Dorfende von ***Bivio*** begibt man sich über die Brücke hinüber auf die rechte Seite des Talflusses Gelgia (Julia) und wandert diesem entlang bis zum Waldbeginn. Nun steigt man gegen Norden empor zur oberen Waldgrenze. Nachdem man einen kleinen Tümpel rechts umgangen hat, erreicht man die Hütten der ***Alp Natons*** (Pt. 1963). Man steht hoch über dem Val da Natons, das sich von den Bergen im Osten herunterzieht. Nun steigt man auf dem Pfad weiter, der in den oberen Teil des Val da Natons führt, wo man nach der Hütte Pt. 2158 den Bach überschreitet, um dann jenseits des Baches zur Terrasse ***Ransung*** zu gelangen. Im Norden erhebt sich die Pare Neira, die man links umgeht, so dass der Weg über Muttariel nach der Gebäudegruppe ***Salategnas*** frei wird. Nun steht man hoch über dem Marmorera-See, der wunderbar glitzert oder je nach Tageszeit die Umgebung widerspiegelt. Die Alp Flix, die in Salategnas ihren Anfang nimmt, ist ein ausgedehn-

DIE ALP FLIX in der Gemeinde Sur gilt als eine der schönsten Alpenterrassen und liegt auf 2000 m ü.M. Das Gebiet ist ein klassischer Siedlungsraum der Walser, welche wahrscheinlich aus dem Hochtal Avers kamen. Urkundlich findet man in beiden Regionen die gleichen Familiennamen. Um die Mitte des 17. Jh. schrumpfte die Walserkolonie arg zusammen. Das schlechte Klima jener Zeit und die vorangegangenen Pestjahre dürften die Gründe dafür gewesen sein. Gegen Ende des Jahrhunderts wurde die Dauersiedlung auf Flix aufgegeben, und die Walser liessen sich im rätoromanischen Sur nieder. Flix ist heute Maiensäss und Erholungsraum für Touristen. Viele vormals landwirtschaftlich genutzte Gebäude wurden zu Ferienwohnungen umfunktioniert. Im Nachhinein muss man sagen, dass die Anpassung an die Landschaft nicht bei allen Häusern unbedingt geglückt ist. Ein besonderes Kleinod ist die Kapelle Son Roc, welche Anfang der achtziger Jahre renoviert wurde. Jedes Jahr im Juli findet eine Prozession statt, welche von Sur zu dieser Kapelle führt.

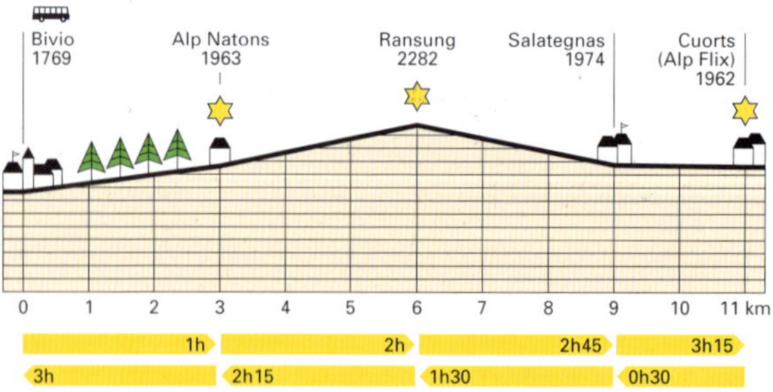

Auf dem Hochplateau der Alp Flix, im Hintergrund Piz Neir (2710 m). Bis heute blieb die Region von touristischen Transportanlagen verschont, so dass man noch eine intakte Naturlandschaft vorfindet.

Gasthäuser unterwegs
Bivio: 6 Restaurants, 4 Hotels
Verkehrsverein,
Tel. 081 684 53 23
Alp Flix
Berghaus Piz Platta (Übernachtungsmöglichkeit),
Tel. 081 659 19 29
Sur
Restaurant/Hotel Alp Flex,
Tel. 081 684 52 85

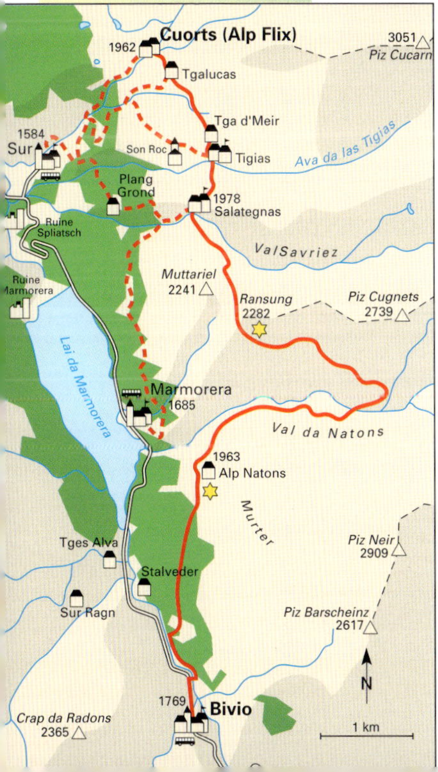

tes Hochplateau mit Wiesen und Weiden, das bis zu den verschiedenen Seen im Norden der grossen Terrasse reicht. Die Häusergruppen Tigias, Tga d'Meir, Tgalucas, ***Cuorts*** beleben die Landschaft. Flix wurde seit dem 14. Jh. von den Walsern ganzjährig bewohnt. Unterhalb Tga d'Meir steht die alte Kapelle Son Roc, die früher dem einheimischen St. Luzius geweiht war. Unterhalb der Weiden von Roc befinden sich die kleinen Seen Lais Blos und Lai Neir, in deren Wasser sich der Piz Platta spiegelt, der sich auf der anderen Talseite erhebt. Von der Alp Flix aus erscheint der markante Piz Platta als besonders eindrücklicher Berg. In Tigias besteht die Möglichkeit, im Berggasthaus zu übernachten.

Als Weg zurück ins Tal bieten sich verschiedene Möglichkeiten. Von Salategnas kann man über den Pfad nach Marmorera oder Sur absteigen, wobei man an den ehemaligen Bergwerken Gruba vorbeikommt. Von Tigias und Tgalucas führen Fahrwege hinunter zum Parkplatz und weiter nach Sur. Von Cuorts kann man der Ava dallas Cuorts entlang über einen Weg nach Sur absteigen.

27 Zu Besuch im Avers bei den Walsern

8h15 Bivio–Forcellina–Stallerberg–Bivio

Eine erlebnisreiche Bergwanderung, die vom Septimerpass ins Avers führt und auf einem anderen Weg wieder nach Bivio. Der Pass da Sett (Septimer) bildet ein grosses Wegkreuz, wo nach allen vier Himmelsrichtungen Pfade führen. Somit können interessante Rundwanderungen zusammengestellt werden. Im Avers treffen wir auf die Walser und somit auf eine sehr eigenständige Kultur.

In ***Bivio*** schlägt man den Weg nach den Bauernhäusern Tgavretga ein und steigt im Talhintergrund hinauf zur Alp ***Plang Camfer.*** Von dort auf gutem Weg empor zum ***Pass da Sett*** (Septimerpass), den schon die Römer befahrbar gemacht hatten. Vom Pass da Sett zweigt rechter Hand ein Wanderpfad ab, der westwärts über Weiden und zwischen Steinblöcken zur ***Forcellina*** hinaufführt. Dieser Pass führt in das Nachbartal Avers. Von der Forcellina steigt man erst ein Stück weit abwärts und quert dann beinahe horizontal die steilen Hänge bis zur Höhe der Fuorcla da la Valletta, um dann in vielen Kehren den Talgrund des Jufer Rheins zu erreichen. Über die Ebene gelangt man nach

Juf und seine Geschichte. Die heutige Wanderung führt nach Juf, der höchstgelegenen Siedlung Europas, die das ganze Jahr über bewohnt ist. Juf gehört zur Gemeinde Avers und liegt auf 2126 m. Das Tal wurde über Bivio, resp. vom Stallerberg her, wahrscheinlich etwa um 1300 von Walsern besiedelt. Zuvor wohnten aber schon Rätoromanen im Tal, wie Orts- und Flurnamen zeigen. Bis weit ins 20. Jh. hinein waren die Averser, der blanken Not gehorchend, auch gewiefte Schmuggler. Johann Rudolf Stoffel hat «sein» Tal im sehr empfehlenswerten Buch «Das Hochtal Avers» packend beschrieben. Heute führt eine Fahrstrasse vom Schams her bis nach Juf, wo der Tourismus die Landwirtschaft als Haupterwerbszweig schon seit längerem abgelöst hat. Und doch: Noch stehen die alten Häuser und Ställe, noch ist die Ruhe im Avers intakt. Wegen seiner relativen Abgelegenheit und der Eigenständigkeit seiner Bewohner gerät Juf nie in Gefahr, ein Negativ-Beispiel für verfehlten Tourismus zu werden. Man mag die Averser auf den ersten Blick für konservativ halten – doch das trügt: Avers ist die erste Gemeinde in Graubünden, die eine Präsidentin gewählt hat.

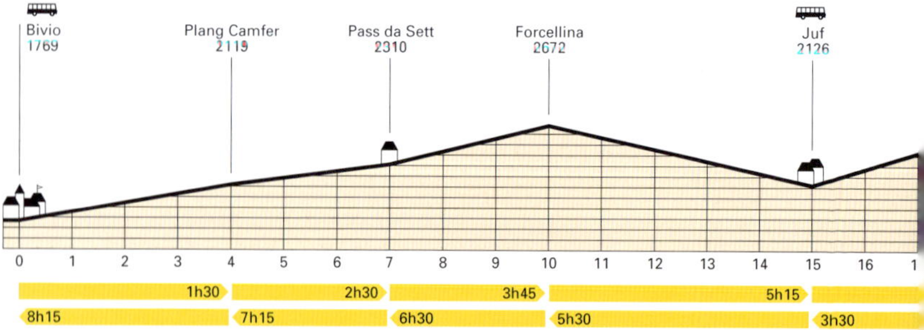

Juf, das als höchste ganzjährig bewohnte Siedlung Europas gilt. Gleich hinter den Häusern steigt man über die Wiesenhänge hinauf in Richtung des ***Stallerbergs.*** Dieser Passübergang hat in der Geschichte des Avers jahrhundertelang eine grosse Rolle gespielt, waren doch die Bewohner von Avers zur Abwicklung ihrer Geschäfte nach Bivio orientiert. Von der Passhöhe aus blickt man westwärts auf das Aversertal mit seinen Bergen, gegen Osten sieht man die Berge der Err-Gruppe. Nun geht es hinunter nach Bivio, über schöne Alpweiden nach Plang Tguils und zuletzt in Kehren zum Ziel unserer Route, ***Bivio.***

Wintereinbruch auf dem Forcellinapass (2672 m). Hier muss es vor Jahrhunderten einmal lebhaft zu- und hergegangen sein, war dieser Übergang doch eine wichtige Verbindung zwischen dem Avers und dem Bergell.

Abzweigung

Von der Fuorcla da la Valletta Abstieg zum Leg Columban, 2430 m, weiter über die engen Weiden der Valletta da Beiva zur Alp Valletta und hinunter zum Passdorf Bivio 🚌.

Gasthäuser unterwegs
Bivio: 6 Restaurants, 4 Hotels
Verkehrsverein 081 684 53 23
Juf
Restaurant Alpenrose, Tel. 081 667 11 35
Restaurant/Pension Edelweiss,
Tel. 081 667 11 34
Avers Tourismus Tel. 081 667 11 67

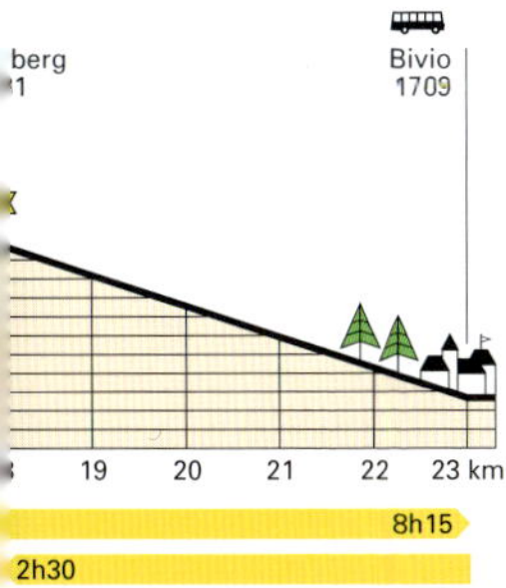

28 Als Bischöfe noch Strassen bauen liessen

4h30 Bivio–Tgavretga–Pass da Sett–Casaccia

Diese Wanderung der alten Septimerpassstrasse entlang kann auf verschiedene Art als Rundwanderung gestaltet werden. Auf Schritt und Tritt stösst man hier auf Spuren der vergangenen Jahrhunderte. Am Ende des gut vierstündigen Weges befindet man sich in einem anderen Tal, einer anderen Kultur und in einem anderen Sprachraum.

Nach dem südlichen Dorfende von ***Bivio*** zweigt rechts ein Fahrweg ab, der zuerst zu den Wiesen von Tgavretga führt, dann aber zum Alpweg wird und der uralten Säumerroute zum Pass da Sett folgt. Jahrhundertelang war aber auch der Pass da Sett belebt, nahm doch ein Grossteil der Rücktransporte diesen Weg. Tgavretga besitzt einen breiten Talboden; beidseits des Baches Eva dal Sett breiten sich

BI-VIO, lateinisch bivium = Zweistrassenort, Scheideweg: Das Dorf Bivio, zum grössten Teil über der Waldgrenze gelegen, gehört zu den interessantesten in ganz Graubünden. Hier begannen und beginnen heute noch die Aufstiege zu den Pässen. Der Julier ist der bedeutendste Übergang ins Engadin. Der Septimer, der Pass da Sett, war über Jahrhunderte eine wichtige Handels- und Reiseroute, lange vor dem Gotthard oder der Viamala. Kaiser Otto der Grosse ritt 962 durch Bivio und über den Septimer zur Krönung nach Rom. Dazu kommt der Weg über den Stallerberg, der ins Walser-Tal Avers führt. Im Dorf existierte ein sogenanntes Portenwesen, welches das Transportgewerbe über die Alpenpässe organisierte. Schon von den Römern wurde der Julier begangen, was durch freigelegte Strassenstücke und die berühmten Votiv-Säulen auf dem Pass belegt ist. Bivio war wegen seiner Lage ein eigentlicher Schmelztiegel: Die Einflüsse der verschiedenen Sprachen führten dazu, dass in Bivio ein ganz besonderes und eigenständiges Rätoromanisch gesprochen wird.

Bevor man in das Tälchen Tgavretga einbiegt, erhascht man nach Osten einen Blick in den Talhintergrund der Gelgia (Julia) bis zum Julierpass. Während dort dichter Autoverkehr herrscht, geniesst man hier die Ruhe der Landschaft. schöne Wiesen um die verstreuten Häuser und Ställe aus. Am schönsten ist die Wanderung in den Sommerwochen, wenn die Heuernte im Gange ist und die Vegetation weiter oben am Pass am üppigsten sich darbietet. Beim Bachüber-

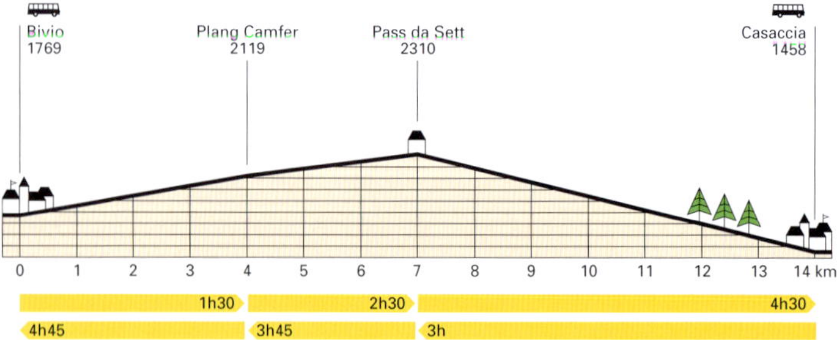

gang am Talende beginnt der Weg zu steigen; rechts fliesst die Eva dal Sett durch eine enge Schlucht. Der Weg zieht sich am Rande oberhalb der Felsen hin, und bald steht man am Beginn der weiten Ebene von ***Plang Camfer.*** Schon nach knapp einem Kilometer beginnt der Weg nochmals zu steigen und zieht sich über die Alp da Sett hinauf zum ***Pass da Sett.***

Am Ende des Plang Camfer erblickt man links von unserer Route ganz deutlich den Verlauf der sogenannten Castelmur-Strasse, die 1387 im Auftrag des Bischofs von Chur zwischen Tinizong und Plurs (dem heutigen Piuro im italienischen Bergell) gebaut wurde. Es ist durchaus möglich, diesen Spuren bis zum Pass zu folgen. Unweit der Passhöhe hat man bei Ausgrabungen die Grundmauern des ehemaligen Hospizes St. Peter entdeckt, das einst von erheblicher Bedeutung war. Am Pass da Sett schaut man südwärts gegen das Bergell, wobei der Abstieg zunächst bei Sascel die Ava da Sett überquert und in das von dunklen Bergen eingefasste Val Maroz und weiter zur Ortschaft ***Casaccia*** führt. Wer den Weg zurück nicht mehr zu Fuss machen will, kann ab Vicosoprano auch den Bus und ab St. Moritz den Bus oder die RhB benutzen.

Abzweigung

Pass da Sett–Maloja. Vom Pass da Sett mehr als 300 m hinauf zum Lunghin. Hier steht man an einer dreifachen Wasserscheide: Der Inn fliesst zur Donau (Schwarzes Meer), die Eva dal Sett zum Rhein (Nordsee) und die Maira zum Po (Adria). Der Weg führt zum 160 m tiefer liegenden, sagenumwobenen Lägh da Lunghin. Auf der rechten Uferseite wandert man nach Maloja 🚌 3h.

Reiter am Säscel, Pass da Sett (Septimerpass). Der Bergwanderweg wurde in den letzten Jahren mit sehr grossen finanziellen Mitteln restauriert. Immer wieder stossen wir auf Zeugnisse alter Kulturen, so z.B. am Säscel auf solche der Römerzeit.

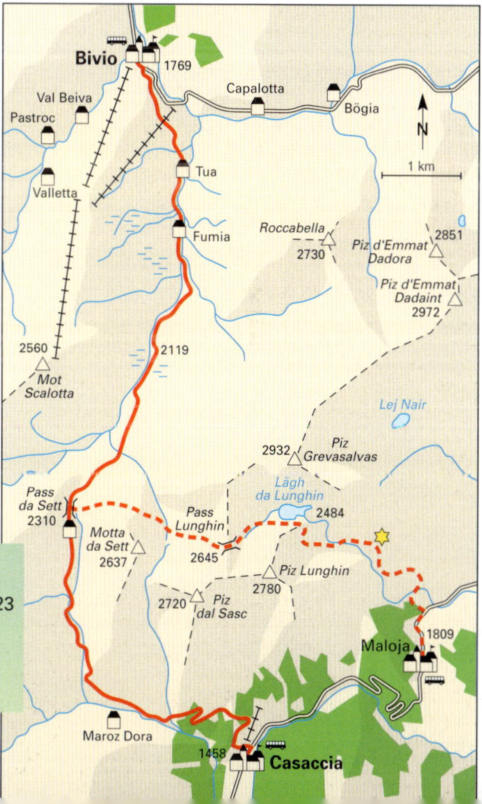

Gasthäuser unterwegs
Bivio: 6 Restaurants, 4 Hotels
Verkehrsverein Bivio: 081 684 53 23
Casaccia
Ristorante del Settimo,
Tel. 081 824 35 54,
Hotel Stampa, Tel. 081 482 31 62

Maloja–Casaccia: Routen 29–36

Die Wissenschaft hat eine plastische Erklärung für die Entstehung des dramatischen Abbruchs zwischen Maloja und Casaccia, zwischen der Oberengadiner Seenplatte und dem obersten Val Bregaglia; der Geologe Hans Rütter schreibt: «Vor Jahrtausenden hat die Maira die damalige Wasserscheide zwischen dem Engadin und dem Bergell angefressen, zerstört und abgetragen, die Quelle des Inns und seine obersten Zuflüsse nach Süden abgeleitet und infolge dieser Verstärkung mit erhöhter Erosionskraft das Bergell so modelliert, wie es uns von Maloja aus erscheint.» Die Fachleute sprechen in solchen Fällen von «rückschreitender Erosion». Die Täler von Albigna, Maroz und Forno müssen daher als alte Seitentäler des Engadins angesehen werden, deren Bäche dem Inn zuflossen. Man versteht nun auch den Namen, den die Räter dem Bergeller Talfluss gegeben haben: Maira, die Mächtige (im italienischen Teil des Bergells heisst er Mera). Die rund 30 Gletschermühlen (sie gehören zu den grössten im gesamten Alpenraum) im Reservat Belvedere hart am Abbruch hinunter ins Bergell sind stumme Zeugen des Rückgangs der letzten eiszeitlichen Gletscher. Die grösste Gletschermühle hat einen Durchmesser von rund 6 m und ist 11 m tief. Hier, wo wegen der starken Erosion grosse Höhenunterschiede entstanden waren, fiel der Gletscher besonders steil ab; es bildeten sich Querspalten, durch die das Wasser wie in einer Leitung floss und Steine ins Rotieren brachten, die dann zuerst das Eis und danach den Fels aushöhlten.

29 Zur Bergeller Sommersiedlung am Silsersee

1h40 Maloja–Isola–Sils (Segl Maria)

Schöne und beinahe eben verlaufende Wanderung entlang dem rechten Ufer des Silsersees.

Maloja an der Wasserscheide zwischen Engadin und Bergell, am Scheitel des Malojapasses gehört, wie man es aus geographischer Sicht nicht vermuten würde, zum Bergell.

tost der Wildbach Aua da Fedoz. Nach der Brücke über den Bach zieht sich der Weg zu einer kleinen Terrasse mit herrlichem Ausblick (Crap Margun).

ISOLA. Der Weiler Isola liegt auf einer mächtigen Halbinsel, die der Gletscherbach aus dem Val Fedoz aufgeschüttet hat. Obwohl geographisch bereits im Oberengadin gelegen, gehört er politisch noch zum Bergell – er ist eine Siedlung der Bergeller Bauern, welche hier und im Val Fedoz ihr Vieh sömmern und einen sehr schmackhaften Geisskäse herstellen.

Im Restaurant Schweizerhaus gibt es eine Orsini-Stube. Von hier aus wollte 1854 der italienische Patriot Felice von Orsini eine Volkserhebung im Veltlin gegen die Österreicher einleiten. Er kaufte in Graubünden Waffen auf, um sie über den Murettopass ins Veltlin zu bringen. Orsini wurde übrigens später wegen eines Bombenattentats auf Kaiser Napoleon III. in Paris geköpft.
Der Weg zur Bergeller Sommersiedlung Isola beginnt beim «Schweizerhaus». Rechts an den Häusern von Creista vorbei führt der Weg zum See. Es ist ein angenehmes Gehen durch Lärchenwald und Alpenrosenfelder zur Siedlung ***Isola.*** Hinter den Häusern schäumt und

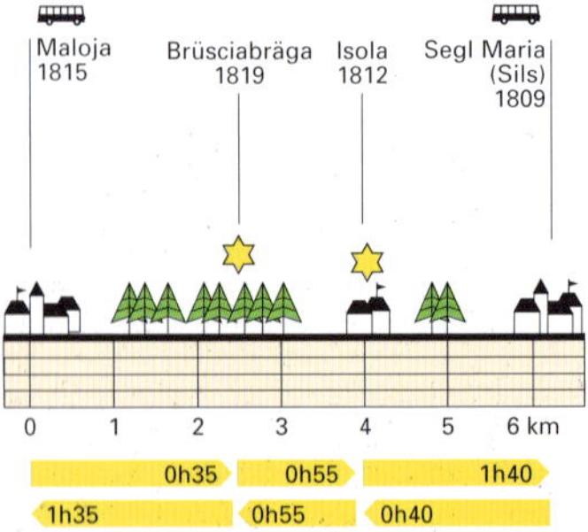

In schöner Wanderung erreicht man ***Sils (Segl Maria)*** mit seiner berühmten Ebene.

Die Surfer nutzen den Malojawind und kreuzen vor der Halbinsel Isola.

Die zurückweichenden Gletscher und das abschmelzende Wasser haben bei Maloja zahlreiche Gletschermühlen entstehen lassen.

Gasthaus unterwegs
Restaurant Lagrev, Isola
Tel. 081 824 35 91

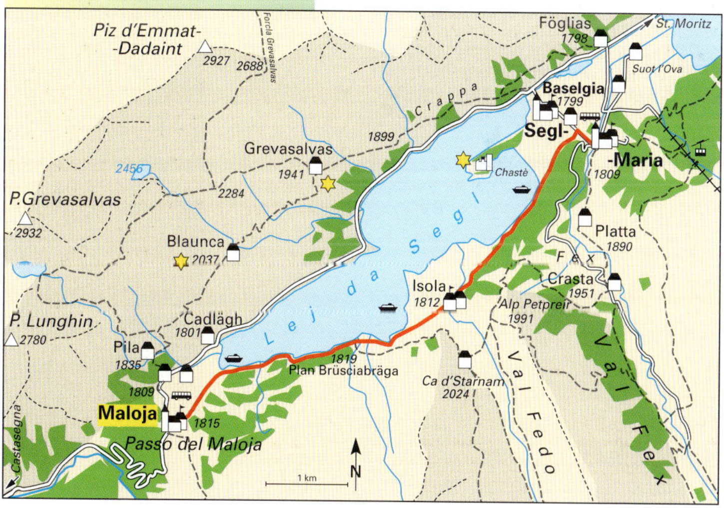

30 Zwei stille «Bergeller Täler» im Oberengadin

2h20 Maloja–Val Fedoz–Val Fex–Sils (Segl Maria)

Leichte Wanderung zu den beiden Seitentälern Fedoz und Fex.

Wie bei Route 29 führt der Weg in ***Maloja*** zum Silsersee. Bei Plan Brüsciabräga (Pt. 1819) zweigt er zu den beiden Alpen Ca d' Starnam und Petpreir ab. Von erhöhter Warte geniesst man einen schönen Blick über den See, das Oberengadin abwärts bis Muottas Muragl und zum nahen Piz Corvatsch. Über den breiten Alpweg erreicht man ***Ca d'Starnam.*** Unterhalb der Hütten wandert man auf einem schmalen Pfad leicht abwärts, überquert den Fedozbach und steigt auf der anderen Seite zur Alp ***Petpreir*** hinauf. Leicht abwärts geht es nun nach ***Crasta*** mit dem Kirchlein von Fex, einem bekannten Postkartenmotiv. Über ***Platta,*** durch Wiesen und die Schlucht Drög erreicht man ***Sils.***

Abzweigung
Von Petpreir kann man weiter ins wilde Fedoztal bis zum Fedozgletscher hineinwandern; 1h.

FEXTAL. Dieses rechte Seitental des Oberengadins, obwohl geographisch längst nicht mehr zum Bergell gehörig, wurde früher von einigen Bergeller Bauern im Sommer zur Alpung genutzt. Viele Leute hier sprechen rätoromanisch und Bergeller Dialekt. Da das Bergell selbst wenig nutzbares Land bietet, zogen seine Bauern immer weiter weg. Ausser ins Oberengadin führte sie ihr Nomadenleben bis in die Gegend südlich des Berninapasses und nach Bivio im Oberhalbstein.

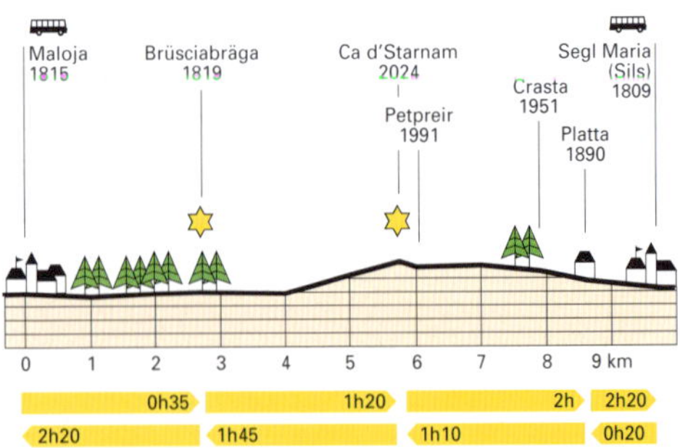

Um den Silsersee und ins Val Fex locken vielfältige Wandermöglichkeiten.

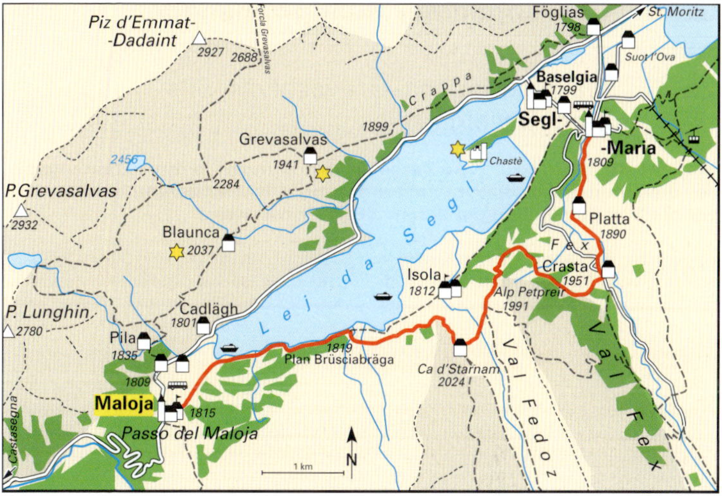

Piz d'Emmat-
-Dadaint
2927
2688
Forcla Grevasalvas
Föglias
1798
St. Moritz
Suot l'Ova
Baselgia
1799
Crappa
Segl-
-Maria
1809
1899
Grevasalvas
1941
Chastè
2456
P.Grevasalvas
2932
2284
Lej da Segl
Platta
1890
Fex
Blaunca
2037
Crasta
1951
Isola
1812
Alp Petpreir
1991
P. Lunghin
2780
Cadlägh
1801
Pila
1835
1809
1819
Plan Brüsciabräga
Ca d'Starnam
2024
Val Fedoz
Val Fex
Maloja
1815
Passo del Maloja
Castasegna
1 km
N

31 Oberengadiner Seenpromenade

2h Maloja–Blaunca–Grevasalvas–Sils (Segl Baselgia)

Noch heute verbringen viele Bergeller den Sommer in ihren Oberengadiner Siedlungen. Auf dieser leichten Promenadenwanderung besuchen wir die Sommersiedlungen Blaunca und Grevasalvas.

Gegenüber der evangelischen Kirche im Norden von ***Maloja*** führt eine Fahrstrasse zum Hof ***Pila*** und nach der Überquerung des Baches in einigen steilen Kehren hangaufwärts. Es folgt eine aussichtsreiche und nur wenig ansteigende Wanderung durch Wiesen und Feuchtgebiete mit ausserordentlich reicher Flora – darunter zahlreiche Orchideen – bis zur ersten Siedlung, ***Blaunca.*** Dort ist in den letzten Jahren sehr viel renoviert und ausgebaut worden. Von Plaun da Lej führt über Grevasalvas eine Strasse herauf.
Dieser Strasse abwärts folgend erreichen wir bald die Häuser von ***Grevasalvas.*** Wie auf der rechten Talseite Fex, Curtins und Isola, so sind Blaunca, Buaira und Grevasalvas Sommer-Aufenthaltsorte der Bergeller Bauern. Hinter Greva-

BERGELLER SOMMERSIEDLUNG. Da das Bergell selbst wenig nutzbaren Boden aufweist, mussten die Bauern schon seit jeher in die benachbarten Täler ausweichen – ausser ins Oberengadin auch ins Avers und Oberhalbstein. Eine Art alpinen Nomadentums war die Folge: Im Herbst, Winter und Frühling hielten sich die Bauern im Bergell auf, im Sommer auf dem Maiensäss; so zügelten sie ihr Hab und Gut einmal jährlich hinauf und wieder hinunter. Heute allerdings werden viele Güter nicht mehr bewirtschaftet; die Gebäude dienen oft nur noch als Wochenend- und Ferienhäuser. Grevasalvas war übrigens auch einmal Kulisse für einen Schweizer Heidi-Film.

Das Kirchlein St. Lorenz aus dem 14 Jh. bildet den Bückenkopf von Sils/Segl-Baselgia am Inn.

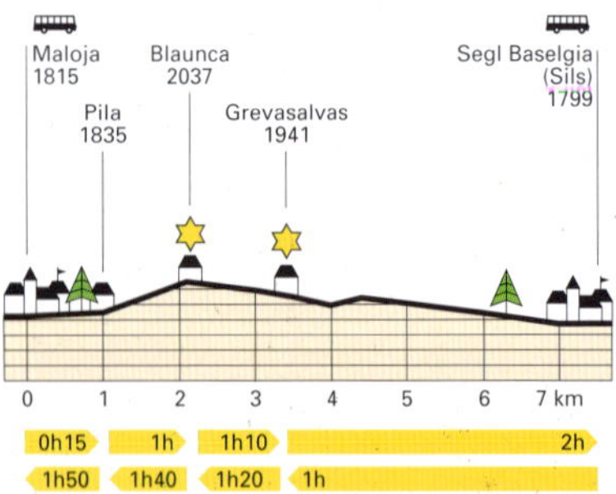

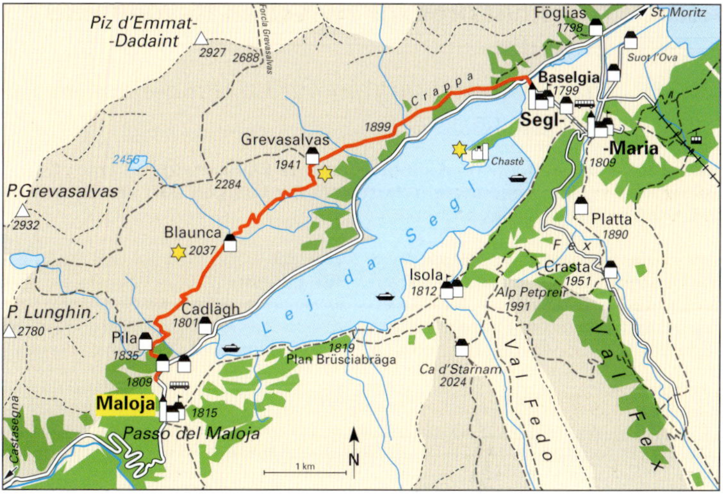

salvas steigt der Weg nochmals einige Dutzend Höhenmeter an und verläuft dann leicht abfallend durch lichten Lärchenwald dem Silsersee entlang nach ***Sils.***

Abzweigungen

a) Oberhalb Pila nach dem Lägh dal Lunghin; 1h30.

b) In Grevasalvas über Nuaira–Splüga nach Maloja; 1h.

Hier auf Blaunca sömmern die Bergeller Bauern ihr Vieh.

32 Aussichtskanzel zwischen Bergell und Engadin

6h30 Maloja–Pass Lunghin–Piz Lunghin–Pass da Sett-Casaccia

Geographisch und hydrologisch interessante Wanderung mit einer Gipfelbesteigung von besonderem Reiz: Vom Piz Lunghin fällt der Blick haltlos 1400 m in die Tiefe.

Aller Anfang ist steil. Von ***Maloja*** steigt der Fussweg in engen Kehren bis auf eine Höhe von rund 2500 m an. Mit Vorteil beginnt man diese Tour sehr früh am Morgen, da der Südhang unbarmherzig der Sonne ausgesetzt ist. Am wunderschönen ***Lunghinsee*** lässt sich gut rasten. Der Blick reicht weit ins Oberengadin hinaus und hinüber zu den Bergeller Granitbergen. Der See am Fuss des Lunghin gilt als Quelle des Inn. Der Bach schäumt und springt von hier über die Felsen hinab in den Silsersee. Bei Martina verlässt der Fluss die Schweiz, bei Passau mündet er in die Donau, die sich ihrerseits ins Schwarze Meer ergiesst.

In einer guten Viertelstunde erreichen wir auf dem Geröllweg den ***Pass Lunghin,*** die berühmte Wasserscheide. Von hier ist der Pfad auf den Gipfel des ***Piz Lunghin*** (2780 m) bereits sichtbar. Er ist ohne technische Schwierigkeiten zu ersteigen. Die Aussicht ist umfassend: Man sieht die Oberhalbsteiner Berge im

WASSERSCHEIDE. Auf der exponierten Passhöhe des Lunghin befindet sich die weitherum bekannte Wasserscheide, von wo die Bäche in drei verschiedene Meere fliessen. Ein Wegweiser zeigt die Richtung der Gewässer an: die Julia (Gelgia) mit den hier entspringenden Nebenbächen zur Nordsee, der Inn zum Schwarzen Meer und die Maira (in Italien: Mera) zum Mittelmeer.

Der historische Passweg über den Septimer wurde in den letzten Jahren restauriert.

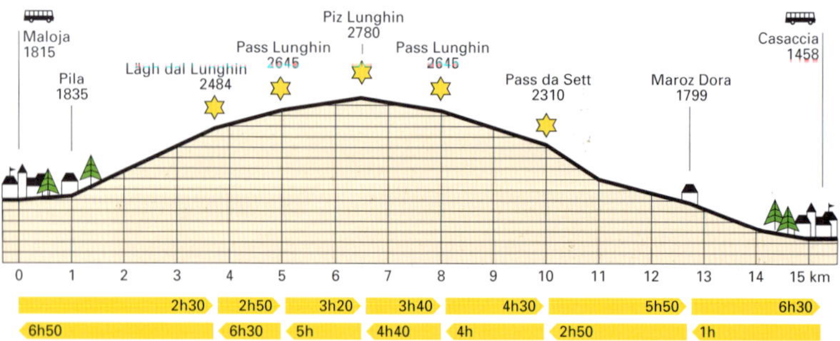

Norden, die schnee- und eisbedeckten Gipfel der Bernina bis zum Monte Disgrazia und zur Cima di Rosso im Süden sowie über dem Bergell die Forno-, Albigna-, Sciora- und Bondascagruppe.

Vom Gipfel steigen wir wieder zum ***Pass Lunghin*** ab, überschreiten ihn und folgen dem Weg hinab zum ***Pass da Sett.*** Nun geht es auf dem restaurierten historischen Passweg des Septimer hinab ins Alptal Val Maroz und nach ***Casaccia.***

Am lieblichen Lunghinsee hoch über Maloja entspringt der Inn. Sein Wasser findet den Weg über die Donau bis ins schwarze Meer.

33 Unterwegs auf alten Handelsrouten

4h50 Casaccia–Val Maroz–Pass da Sett-Bivio

1. Etappe: Auf historischen Wegen vom Bergell ins Oberhalbstein. Landschaftlich und kulturell äusserst vielseitige Wanderung. In Verbindung mit Route 34 ergibt sich eine zweitägige Drei-Täler-Tour (Bergell, Oberhalbstein, Avers).

Schon in vorgeschichtlicher Zeit war der Septimerpass bekannt; auch die Römer benutzten ihn, haben ihn aber nicht besonders gut ausgebaut.1387 vereinbarten der Bischof von Chur und der Bergeller Jacob von Castelmur, einen befahrbaren Weg über den Septimer zu bauen. Er war die erste befahrbare Strasse über die Alpen überhaupt und gehörte zu den meistbenutzten Übergängen. Da im oberen Teil Karrenspuren auf dem Pflaster fehlen, vermutet man, dass der Passweg erst im unteren Teil befahrbar war. Erst nach dem Bau der Poststrasse über den Julier wurde der Saumverkehr am Septimer eingestellt. In den Jahren 1989 bis 1991 wurde der historische Septimerweg (Sentiero storico del Settimo) restauriert. Auf der ganzen Strecke verläuft der Wanderweg immer wieder auf dem alten Pflaster.

Beim Parkplatz oberhalb von ***Casaccia*** beginnt der Wanderweg, der immer wieder die neue Alpstrasse quert. Am Anfang des wildromantischen Val Maroz, kurz vor der Alp ***Maroz Dora,*** beginnt der Wanderweg zu steigen. Dem schäumenden Bach entlang mit seinen Wasserfällen windet er sich in die Höhe. Im oberen, etwas weniger steilen Teil ist die Anlage des Saumweges sehr gut zu erkennen. Beim Säscel battü (behauener Stein) liegt die 1540 zwischen Bivio und der Gerichtsgemeinde Bergell verein-

BIVIO (Bi-vio) bedeutet «zwei Wege», weil das Dorf am Scheideweg zweier Pässe liegt: Julier- und Septimerpass. Bivio hat auch zwei Kirchen: eine katholische und eine reformierte, was im sonst katholischen Oberhalbstein eine Ausnahme darstellt, und es werden zwei angestammte Sprachen gesprochen: ein eigenes rätoromanisches Idiom, das Biviano, und Italienisch (die Deutschsprachigen sind zugewandert). Sowohl mit den Walsern im Avers als auch mit den Bergellern wurde lange Zeit ein intensiver Austausch von Waren betrieben. Aber nicht nur Waren, sondern auch Ideen und Kultur «wanderten» über die Pässe.

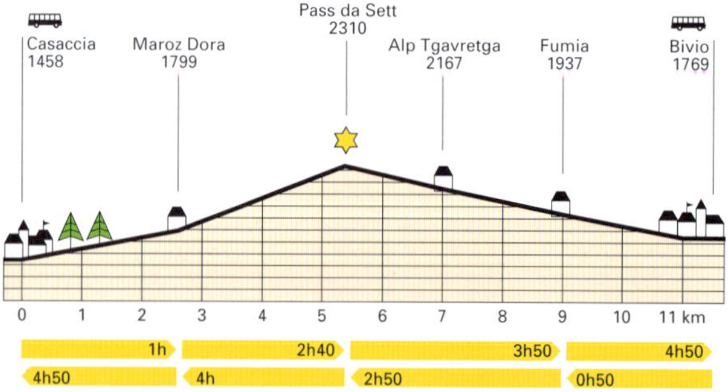

Der Säscel battü (behauener Stein) markiert die Grenze zwischen Bivio und dem Bergell.

Blick ins Val Maroz.

barte «ewige Grenze». Hier sind die Spuren zweier verschiedener Wege in den Fels gehauen: oben der mutmasslich römische, unten derjenige der von Castelmur. Der Weg verläuft nun auf historischem Pflaster zunächst rechts des Baches, überquert ihn dann auf einer schönen neuen Steinbrücke und verläuft linksufrig bis knapp unterhalb der Passhöhe, wo er auf die Fahrstrasse trifft, die von Bivio heraufkommt.

Auf der ***Septimer***-Passhöhe wechselt die Landschaft drastisch ihren Charakter. Man lässt die steilen, engen Täler der Bergeller Seite hinter sich und betritt das weite, offene Alpgelände der Oberhalbsteiner Seite.

Man kann nun der Fahrstrasse folgen oder zunächst dem Wanderweg, der rechter Hand über die Alpwiesen bergab führt. Nach der Ebene von Plang Camfer gibt es nur noch die Strasse. Sie folgt einer kleinen Schlucht bis zu den Häusern auf den Wiesen von Tgavretga. Auch diese Bauerngüter gehören Bergellern, die seit Jahrhunderten den Sommer hier verbringen. Die Fahrstrasse führt direkt nach ***Bivio.***

34 Berühmte Pässe und eine berühmte Wasserscheide

8h30 Bivio–Stallerberg–Juf–Forcellina–Pass Lunghin–Maloja

2. Etappe: Über den historischen Passübergang vom walserischen Avers zum Septimer und über die Wasserscheide des Lunghin nach Maloja. Zweiter Teil (s. Route 33) der zweitägigen Wanderung vom Bergell über das Oberhalbstein und das Avers nach Maloja.

Der Weg ins Avers beginnt in ***Bivio*** mitten im Ort. Mit einigen steilen Kehren erreicht der Weg die Ebene ***Plang Tguils,*** und nach einem engen Taleinschnitt steht man auf der Passhöhe des ***Stallerbergs.*** Von hier sieht man im Süden die eisgepanzerten Berninaberge und die Bergeller Granitriesen, im Norden die Oberhalbsteiner und Nordbündner Berge bis zum Vorab. Es dauert nicht lange, und man blickt hinab ins Averstal, das die Walser vor rund 700 Jahren erstmals besiedelten. Juf, das oberste Dorf, gilt als höchstgelegene ganzjährig bewohnte Siedlung Europas. Über den Stallerberg verlief während Jahrhunderten ein reger Handelsverkehr zwischen den Leuten von Bivio und den Avnern. Mit einigen steilen Kehren windet sich der Weg hinab nach ***Juf.***

Vom Walserdorf folgt der Weg rechtsufrig dem Jufer Rhein und beginnt bald zu steigen. In steilen Kehren verläuft der Weg bis unter die Fuorcla da la Valletta (Übergang nach Bivio). Dann geht's zwischen Felsblöcken hindurch etwas auf und ab bis in eine Mulde. Mit einem letzten Aufschwung wird die Passhöhe der ***Forcellina*** erreicht. Prächtige Aussicht auf den markanten Piz Julier im Nordosten, auf Piz Lagrev und Piz Grevasalvas, die Berninagruppe mit Piz Bernina, Piz Scercsen und Piz Roseg im Süden und den Piz Lunghin direkt davor.
Zwischen Felsbuckeln und -platten windet sich der Weg zunächst in östlicher, dann in südlicher Richtung hinab, an einigen idyllischen Tümpeln vorbei zur Passhöhe des ***Septimer.*** Von hier hat man einen atemberaubenden Blick auf

SEPTIMERPASS. Von hier aus kann man in vier Richtungen gehen: zur Forcellina, nach Casaccia, nach Bivio und zum Pass Lunghin (hier beschriebene Richtung). Noch bis ins 19. Jh. benutzen die Walser aus dem Avers die von den Römern erdachte und gebaute Route über Forcellina und Septimer, um Vieh bis nach Mailand zu treiben und andere Handelswaren zurück in ihre Heimat zu bringen.

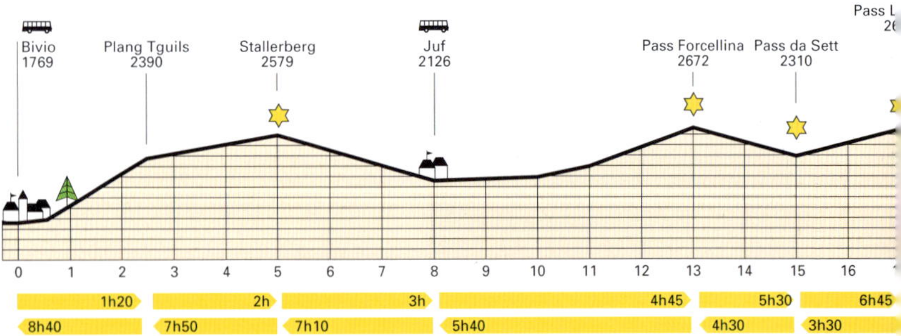

Gasthäuser unterwegs
Restaurant Alpenrose, Juf
Tel. 081 667 11 35
Restaurant Edelweiss, Juf
Tel. 081 667 11 34

die Bergeller Berge (Albigna- und Bondascagruppe).
Nun folgt eine Gegensteigung von rund 300 Höhenmetern über eine karge Geröllandschaft zum ***Pass Lunghin.*** Von hier lässt sich der Piz Lunghin (2780 m) in einer halben Stunde ersteigen.
Die Landschaft hier oben ist wild und lieblich zugleich. Der tiefblaue ***Lunghinsee*** (Quelle des Inn) gleisst und glitzert, und die Schneeberge dahinter bilden eine tolle Kulisse. Vom Pass steigt man in 15 Min. zum See ab, wo die Aussicht noch um den Tiefblick auf die Oberengadiner Seen erweitert wird.
Der folgende steile Abstieg nach ***Maloja*** beansprucht die Knie noch einmal heftig.

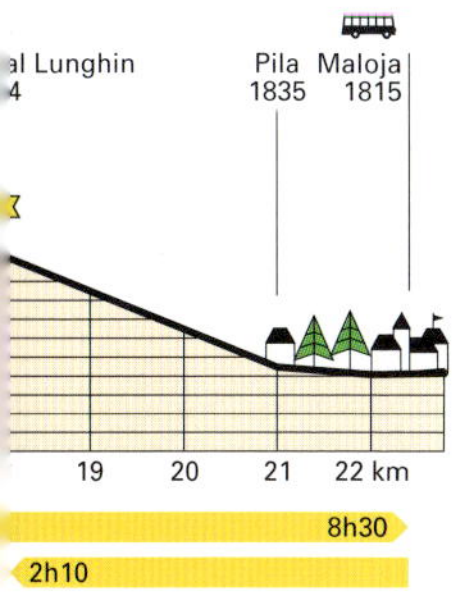

Zwischen zwei anstrengenden Passübergängen gönnen wir uns in Juf im Avers eine Rast.

35 Stille Täler und atemberaubende Ausblicke

6h Casaccia–Val Maroz–Val da Cam–Cadrin-Soglio

Das Val Maroz und das Val da Cam gehören zu den einsamsten Tälern weit und breit. Oft begleitet hier während vieler Stunden nur das Bimmeln der Kuhglocken den Wanderer.

Casaccia, das Dorf am Fuss des Malojapasses, ist Ausgangspunkt für die Wanderung ins Val Maroz und in das abgelegene Val da Cam. Mitten im Dorf zeigt der gelbe Wegweiser bergwärts. Wir folgen ihm und müssen dabei immer wieder auf der ausgebauten Strasse gehen, die anlässlich des Kraftwerkbaus erstellt wurde und den alten, idyllischen Weg teilweise zerstört hat. Gerne nimmt man die Abkürzungen, um die staubige Strasse zu meiden. Nach 1h öffnet sich das Tal, die Bäume bleiben zurück, und wir stehen vor der Alp ***Maroz Dora.*** Nun führt der Weg dem Bach entlang. Nach eingen hundert Metern zweigt der in Kehren angelegte Septimerweg rechts ab, um den steilen Hang zu erklimmen; wir jedoch gehen auf ausgedehnten Alpweiden weiter taleinwärts. Bald sind wir bei den Gebäuden der Alp ***Maroz Dent.*** Von den Hütten windet sich der Weg hinab zum Bach, überschreitet ihn und gewinnt in engen Windungen steil und mühsam den Eingang zum ***Val da Cam.*** Steinmännchen markieren den Aufstieg in dieser Flanke, die Erta heisst, und grosse Steinmänner begrüssen den

CASACCIA. Das Dorf gehört seit 1970 politisch zu Vicosoprano. Erwähnenswert ist das ehemalige Pass-Gasthaus, im Dialekt der Bergeller von heute «Cumvent» genannt. Der untere Teil des schon 1336 erwähnten Hauses steckt im Schutt einer Rüfe, die 1740 grosse Teile des Dorfes verschüttete, darunter auch eine Kapelle. 1742 wurde an dieser Stelle die reformierte Kirche erbaut. Oberhalb des Dorfes, gegen den Maloja zu, fallen die Ruinen einer Kirche auf: San Gaudenzio. Das gotische Bauwerk war einst ein vielbesuchtes Wallfahrtsziel. Die Kirche ist sehr alt, wird sie doch schon 998 von Papst Gregor V. erwähnt. Die Legende besagt, dass der Glaubensbote Gaudenzio – aus Italien kommend – in Vicosoprano enthauptet wurde, dass er aber sein Haupt unter den Arm nahm und bis zu der Stelle trug, wo heute die Kirche steht.

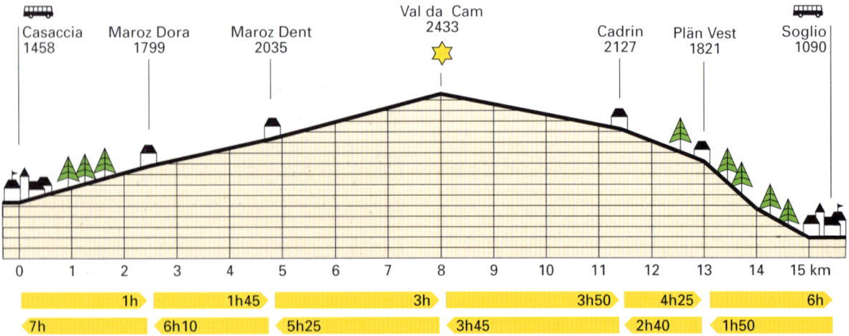

Wanderer am Eingang zum Val da Cam. Im Val da Cam regiert die Stille. Nur das Pfeifen der Murmeltiere ist zu hören oder das Rascheln der Grashalme, wenn der Wind hindurchfährt. Ab und zu poltert Geröll, wenn ein paar Gemsen eine Flanke queren. Man steigt nun fast wie von selbst, und es scheint, als ende das Tal direkt im Himmel. Je höher man steigt, desto spannender wird die Aussicht. Wie die Kulisse eines Theaters schieben sich gegenüber die Gipfel, Wände, Grate und Gletscher der Bergeller Berge über den Horizont, ja sie scheinen richtiggehend aus dem Hintergrund heraufzuwachsen. Von keiner Seite ist der Blick auf die Bondasca- und Scioragruppe spannender als von hier. Oben ist die Aussicht noch umfassender: Im Norden reicht sie bis zum Silsersee, nach Süden verliert sie sich im Dunst der oberitalienischen Ebene.

Der Abstieg nach Soglio führt leicht abwärts, dann beinahe eben vorbei an den Ställen und Hütten von Castel, Planac und Mungat. Die meisten dieser Alpen werden nicht mehr bewirtschaftet; sie modern und faulen vor sich hin, das Gras wächst lang und wird weder gemäht noch geweidet. Immer ein wenig oberhalb der Waldgrenze zieht der Weg dahin bis nach ***Cadrin.*** Auch von hier bis nach Soglio säumen zahlreiche Alpsiedlungen den Weg: Löbbia, Brüsciä und ***Plän Vest.*** Einige steile Kehren führen uns nach ***Soglio.***

Postauto-Impressionen bei Soglio.

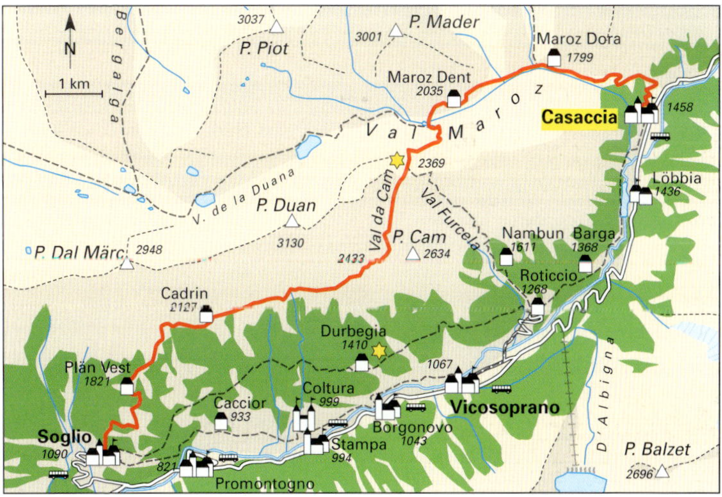

36 «La Panoramica», Königsweg unter den Höhenwegen

5h Casaccia–Roticcio–Durbegia-Soglio

«La Panoramica» – das ist das Bergell von seiner schönsten Seite! Der Weg führt am Sonnenhang ohne allzu grosse Steigungen von Casaccia nach Soglio. Aussicht ist garantiert, unvergessliche Eindrücke auch. Und das bei relativ wenig körperlicher Anstrengung.

Ausgangspunkt ist ***Casaccia,*** auf 1458 m ü.M. gelegen, Endpunkt das nur knapp 400 m tiefer gelegene Soglio. Das ganze Bergell kann man so abwandern, quasi im ersten Stockwerk: erstklassige Eindrücke für nur wenig Schweiss.

Durch die Wiesenebene südlich von Casaccia, vorbei am Ausgleichsbecken von Löbbia, wandern wir der rechten Talseite entlang. Nach dem Stausee folgen wir der weiss-rot-weissen Markierung. Leicht abwärts nach ***Barga*** und ***Roticcio*** führt der Weg durch lockeren Tannen- und Laubwald. Nach dem tiefen Einschnitt der Aua da Mulina zieht sich der Weg am Hang schlängelnd hinauf, zuerst durch steile, kleine Wiesen, dann wieder sanft durch Tannenwald. Oberhalb von Vicosoprano bietet eine Terrasse tolle Aussicht. In der Felswand erkennt man die Eisentür eines Stollenfensters, das beim Bau des Druckstollens von Casaccia nach Castasegna als Materialdeponie diente. Es folgt ein kurzer Abstieg, dann führt der Weg durch dichten, schattigen Wald nach ***Durbegia,*** einem

SOGLIO ist das Postkartendorf schlechthin: enge, verwinkelte Gassen, Bürgerhäuser mit beeindruckenden Fassaden, Geissherden in den Strassen, versteckte Gärten – und die Felsriesen Badile und Cengalo, die den Häusern in die Stube blicken. Fünf grosse Palazzi beherrschen das Dorf. Und so hebt der Kunst- und Kulturführer für Graubünden als Besonderheit hervor: «Die merkwürdige Verbindung von Herrschaftlichkeit und bäuerlicher Gassenenge, verbunden mit der einzigartigen Aussichtslage gegen die Wände und Zacken der Bondasca hat Soglio zu einem der eigenartigsten Dörfer Graubündens, wenn nicht der ganzen Schweiz werden lassen.» – «Soglio ist die Schwelle zum Paradies», dieser Spruch wird dem Maler Segantini in den Mund gelegt. Rainer Maria Rilke, der Dichter, sah das allerdings anders. «Ich kann mir nicht helfen, es sind dumme Gebirge, imposante Hindernisse, aber nicht klüger als irgendeine verrammelte Tür.»

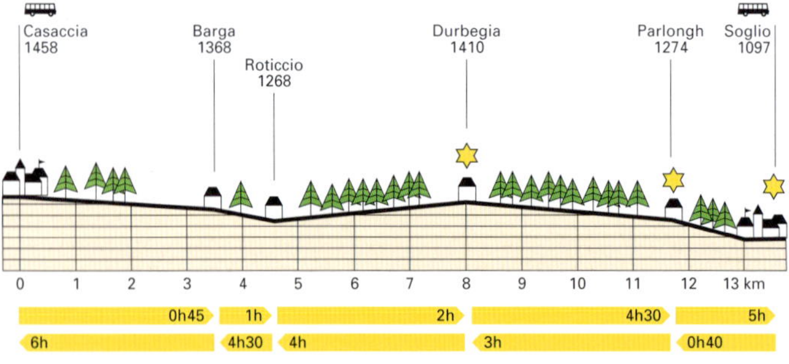

der schönsten Aussichtspunkte entlang dieses Weges. Besonders eindrücklich: die Bondascaberge.
Einige hundert Meter hinter Durbegia kreuzt der Weg ein weiteres Tobel, das des Valer-Wildbaches. Kurz nach dem Bach haben wir die höchste Stelle der Route erreicht. Der Waldweg wird hier zum schmalen Pfad, der über einen weiteren Wildbach (Fopeta) und dann durch steile Wiesen und Laubwald führt. Nächster Weiler: Pravis. Nun ist es nicht mehr weit zu den Häusern von Parlongh, wo der Weg von Coltura und Muntac her in den Höhenweg einmündet. Auf jahrhundertealten Steinplatten, mit grosser Mühe kunstvoll verlegt, abgenutzt von vielen Füssen, von Moos bedeckt und vom Regen wieder blank gewaschen, verläuft «La Panoramica» durch den felsdurchsetzten Steilhang nach Soglio. Man nennt diese Strecke auch den «Oberen Plattenweg». Danach geht es durch Wiesen nach Soglio.

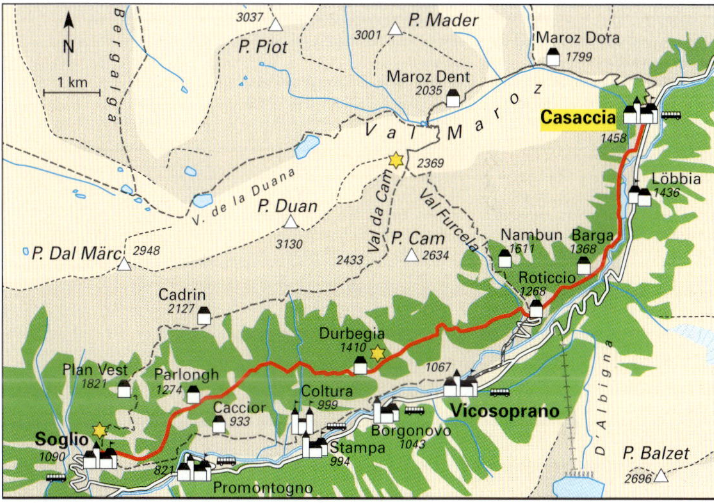

Soglio lockt dank seiner aussichtsreichen Lage und seinem pittoresken Ortsbild. Wer es besucht, wird dem Ausspruch «Soglio ist die Schwelle zum Paradies» kaum widersprechen wollen.

Vicosoprano–Castasegna: Routen 37–42

Die klimatischen Gegensätze im Bergell sind extrem; der Norden reicht hier dem Süden die Hand. In wenigen Stunden steigt man von den Kastanienwäldern bei Bondo zum ewigen Eis des Bondascagletschers auf. Während in Maloja nur Heidel- und Preiselbeeren zur Reife kommen, wachsen unten in Castasegna Trauben, Kastanien und Feuerlilien. Dass trotz schmaler Talsohle und steiler Flanken das Bergell kein unwirtliches Gebirgstal ist, erklärt sich aus der Ausrichtung Südwest–Nordost und der geringen Meereshöhe. Obwohl in den Monaten Januar/Februar kein Sonnenstrahl auf die Dörfer trifft, die von Ca d'Faret abwärts im Talgrund liegen, sind die Sonnentage häufig. Die Niederschlagsmengen liegen etwa zwischen den höheren des Tessins und den niedrigeren des Oberengadins. Nebel gibt es selten.
Klimatisch bedeutsam ist auch die «Porta», der Felsriegel oberhalb von Promontogno. Er teilt das Tal in einen oberen (Sopra Porta) und einen unteren Teil (Sotto Porta). Die obere Talhälfte hat ein eher alpines Klima, während Klima und Vegetation im hinteren Teil schon vorwiegend südlich sind.

37 Granitberge, Gletschereis und ein Stausee

4h40 Vicosoprano–Lago da l'Albigna–Capanna da l'Albigna CAS

Die Wanderung hinauf zum Albigna-Stausee ist steil und anstrengend. Leichter geht's mit der Luftseilbahn Pranzaira–Albigna. Sie führt uns ins Herz der Albignaberge.

Von ***Vicosoprano*** führt der Weg südlich des Albignabaches in einem weiten Bogen durch kühlen Tannenwald nach ***Motta Ciürela.*** Am Rande der schmalen, tiefen Schlucht erreicht man nach steilem Aufstieg den Aussichtspunkt ***Sasc Prümaveira***. Auf einem breiten Weg geht es an den Fuss der ***Albigna-Staumauer*** und dort nach links. Von der Mauerkrone aus ist es nur ein kurzes Stück Weg zur schön gelegenen ***Albignahütte*** der Sektion Hoher Rohn des Schweizer Alpenclubs.

Abkürzung
Von Pranzaira aus führt eine Luftseilbahn in 15 Min. an den Fuss der Staumauer. Von der Bergstation erreicht man die Albignahütte in 40 Min.

Abzweigungen
a) Zur Capanna del Forno CAS: Über Pass da Casnil Dafora und Pass da Casnil Dadent. Hochalpine Route, nur mit entsprechender Erfahrung und Ausrüstung.
b) Zur Capanna Sciora CAS: Über Pass Cacciabella Nord und Süd. Hochalpine Route, nur mit entsprechender Erfahrung und Ausrüstung.

KRAFTWERKE. 1952 erteilten die Bergeller Gemeinden die Wasserrechts-Konzession den Elektrizitätswerken der Stadt Zürich. Die Anlagen der Kraftwerke erstrecken sich vom Albigna-Stausee (Staumauerhöhe 115 m, Länge 759 m, Nutzinhalt des Sees 67 Mio. m3) bis zur Kavernenzentrale in Castasegna (Energieproduktion 450 Mio. kW/h jährlich). Sie werfen so viel Wasserzinsen und andere Einnahmen ab, dass die notwendigen Infrastrukturaufgaben der Gemeinden bewältigt werden können. Ausserdem hat das Kraftwerk Arbeitsplätze geschaffen.

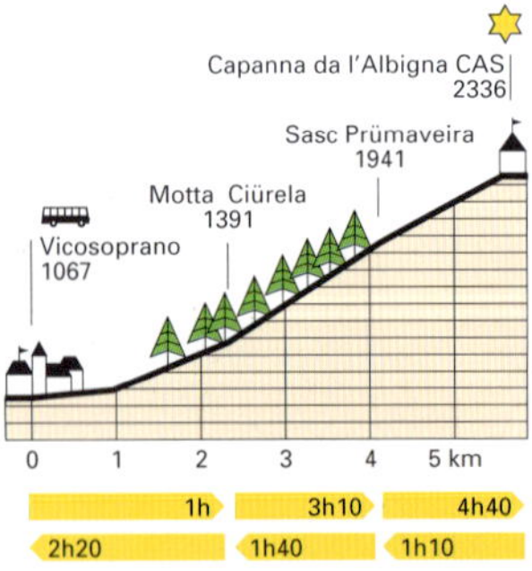

Der Dorfbrunnen von Vicosoprano wurde um 1700 errichtet und mit dem Saliswappen verziehrt. Dieses Adelsgeschlecht herrschte im Bergell fast 500 Jahre lang.

Die Albigna-Staumauer wurde 1952 von den Elektrizitätswerken der Stadt Zürich errichtet. Sie ist 115 m hoch, 759 m lang und staut 67 Mio m³ Wasser.

38 Über Wiesen und durch Wälder

2h Vicosoprano–Borgonovo–Stampa–Soglio (Castasegna)

Eindrucksvolles «Kontrastprogramm» einer Route vom oberen ins untere Bergell. Leichtes und angenehmes Wandern durch Wiesen und über eine Steilstufe auf die Aussichtsterrasse von Soglio.

Das «Kontrastprogramm» unserer Wanderung nach Soglio beginnt im Dorfkern von ***Vicosoprano.*** Der erste Abschnitt verläuft auf der linken Talseite. Schaudernd wandern wir an zwei Säulen vorbei, die früher als Galgen galten, und tauchen hinter der katholischen Kirche in den kühlen Wald ein. Der schmale Weg überquert das Flussbett des Val Torta, und wir erreichen nach einigen Wiesen ***Borgonovo.*** Auf der imposanten, geschwungenen alten Steinbrücke überqueren wir Autostrasse und Maira und folgen nun dem rechtsufrigen Weg. Über sonnendurchflutete und insektensummende Wiesen führt der Weg am Schulhaus von Stampa vorbei und über Fluss

STAMPA. Zentraler Bau im Dorf ist die «Ciäsa Granda», ein vierstöckiges Patrizierhaus von beachtlichen Ausmassen. Es wurde 1581 von einem Johannes Stampa errichtet und verlotterte zusehends. 1954 kaufte und renovierte die «Società Culturale di Bregaglia» das Haus und richtete mit grossem Geschick ein Heimatmuseum darin ein, das weit herum Beachtung gefunden hat. Es enthält eine reichhaltige Sammlung von Mineralien, Flora und Fauna, Gebrauchsgegenstände und Gerätschaften für die Bereiche Molkerei und Käserei, Weben, Lavezsteinverarbeitung und Küche. Eine reichhaltige Bibliothek und eine kleine Ausstellung mit Bildern der Giacometti und von Varlin ergänzen die Sammlung. Und mehr als das: Die «Ciäsa Granda» ist zum eigentlichen Kulturzentrum dieses an Kultur so reichen Tales geworden. Es finden in dem Haus Ausstellungen, Vorträge und andere Anlässe statt. Die Kirche San Giorgio von Borgonovo oberhalb von Stampa, einen einfachen und schlichten Bau, hat Augusto Giacometti 1935 mit einem farbenprächtigen Glasfenster verschönert. Der Weiler Coltura gehört zur Gemeinde Stampa. Auffälligstes Gebäude in Coltura ist der Palazzo Castelmur (Bild Seite 100), eine maurisch anmutende grosse Anlage. Der fremde Einfluss ist dem Gebäude anzusehen – ein Heimkehrer hat ihn erbaut: Der eine Teil war Bürgerhaus der Familie de Castelmur. Baron Jean de Castelmur (1800–1871) liess den Südtrakt anbauen. Er war der Sohn des nach Marseille ausgewanderten Antonio de Castelmur. In den rund 20 Räumen, die voll ausgestattet und möbliert sind, wechseln sich die verschiedensten Stilformen ab. Ausserhalb des Ortes steht in schöner Lage auf einem Hügel die Kirche San Pietro. Sie stammt aus dem Jahre 1723. In Coltura ist auf einer alten Urkunde vermerkt, bereits 1395 habe ein Mönch «Dominicus de Santo Pietro» mit dem Namen Alberticus aus Borgonovo gepredigt.

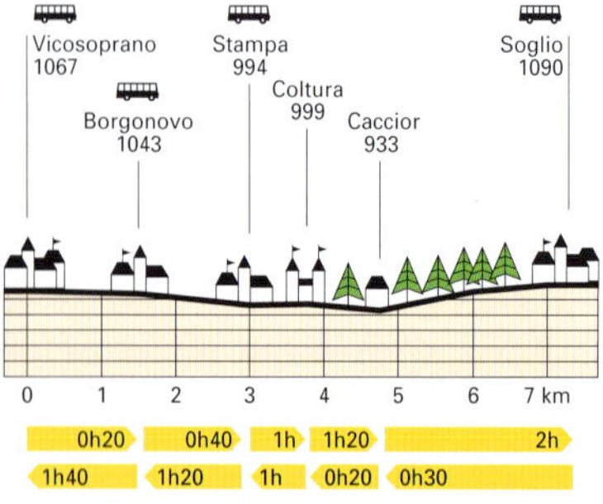

Stampa wurde als Heimat der Künstlerfamilie Giacometti berühmt. Im Talmuseum Ciäsa Granda – das grosse Gebäude rechts – werden u.a. Bilder von ihnen gezeigt.

und Strasse ins Dorf ***Stampa,*** die Heimat der berühmten Künstlerfamilie Giacometti. Zwei Tafeln an den Geburtshäusern erinnern an sie. Die Gräber der Künstler befinden sich auf dem Friedhof der nahen Kirche San Giorgio bei Borgonovo.

Wir überqueren wieder Maira und Hauptstrasse und wandern auf der rechten Talseite nach ***Coltura*** mit seinen behäbigen Häusern und dem auffälligen Schloss Castelmur.

An der Kirche San Pietro vorbei nehmen wir den bequemeren unteren Weg zum einsamen Weiler Caccior. Der obere Weg führt nach Muntac und Parlongh, wo er in den Bergeller Höhenweg «Panoramica» mündet. In dieser Region nimmt das Klima spürbar südliches Gepräge an, der Wald wird dichter, erste Kastanienbäume stocken am Waldrand. Ziegen klettern im Wald umher, und auf den warmen Steinen am Weg sonnen sich flinke Eidechsen.

In ***Caccior*** endet der breite Weg; ein schmaler Pfad verschwindet im dichten Wald, überschreitet das Tobel des Chisturnabaches und gewinnt einmal steiler, dann wieder etwas flacher entlang dem markanten Felsabbruch an Höhe. Treppenstufen aus Steinplatten – die Plotta – verlangen manchmal grosse Schritte; ein Geländer gibt mancherorts etwas Sicherheit. An einigen Stellen geben die Bäume den Blick frei ins obere Bergell, auf die Granitriesen Cengalo und Badile und steil hinab auf die Dächer von Promontogno und Bondo. Turm, Kirche und Villa von Nossa Donna auf ihrem Hügel scheinen zum Greifen nahe. Man schaut, staunt und versteht plötzlich: Der Felsriegel, auf dem Nossa Donna liegt, trennt das Tal in mancher Hinsicht: Sopra Porta nennt man den oberen Teil des Tals, Sotto Porta den unteren. Der Fels hat auch klimatische Bedeutung: Kastanienbäume beispielsweise wachsen erst ab hier.

Der Weg ist zwar immer noch steil, aber schattig und deshalb angenehm zu begehen. Unvermittelt tritt man aus dem Wald hinaus und sieht sich bald den verschachtelten Häusern von ***Soglio*** gegenüber. Dies ist ein Platz zum Sitzen und Träumen – rechter Hand das Dorf und gegenüber die Bondasca mit den höchsten Bergeller Bergen. (Evtl. Abstieg nach Castasegna ca. 2h15).

Gasthäuser unterwegs
Restaurant Val d'Arca, Stampa
Tel. 081 822 13 65
Restaurant Walther, Stampa
Tel. 081 822 13 77

39 Zu den Hirschen im Val Furcela

5h30 Vicosoprano–Roticcio-Val Furcela–Casaccia

Wenig begangener Aufstieg auf der Sonnenseite des oberen Bergells. Unvergessliche Aussicht auf die Nadeln und Kanten der Berge beidseits des Albigna-Stausees.

Der Auftakt erfolgt standesgemäss. Bei der stolzen Brücke San Cassiano in ***Vicosoprano*** beginnt die Route und führt der Maira entlang in nördlicher Richtung zum Weiler Pungel und nach ***Roticcio.*** «Aua da Mulina» – Mühlbach – heisst der Wasserlauf am Ortsende; dort stand einst die Mühle. Übriggeblieben ist davon nur noch ein alter Mühlstein in den Wiesen.
Steil und steinig geht's aufwärts. Gegenüber schälen sich die Kanten und Nadeln von Piz Murtaira, Cima dal Largh, Piz Bacun und Piz Casnil aus dem dämmrigen Schatten des Morgens. Die Sonnenstrahlen erreichen die Schattenseite des Bergells erst im Verlauf des Vormittags, während es hier, auf der Sonnenseite, schon früh heiss wird. Es lohnt sich also, zeitig aufzubrechen.
Vorbei an den Hütten und Ställen von ***Nambrun*** und den Gebäuden der Alp Furcela steigt der Weg in romantischer und wilder Umgebung durch das ***Val Furcela*** zum höchsten Punkt, dem Übergang vom Val Furcela ins Val da Cam auf

VICOSOPRANO. Auch in Vico (wie die von den Einheimischen benutzte Kurzform lautet) stehen viele herrschaftliche Häuser. Der Dorfkern ist von nationaler Bedeutung. Wenn man davorsteht, begreift man auch, weshalb: Die Häuser rund um den Rathausplatz sind reich verziert mit Sgraffiti und Wappensteinen (eine grosse Wanderkarte erleichtert die Orientierung). Am «Pretorio», dem Rathaus von 1583, prangen Sgraffiti der Mässigkeit und der Gerechtigkeit. Hier hängt noch das rostige Halseisen des Prangers, wo die Hexen und andere arme Sünder ausharren mussten, dem Spott und Zorn der Passanten ausgesetzt, bevor sie – meist auf Nimmerwiedersehen – in der Folterkammer des angrenzenden Turmes verschwanden. Es sind dunkle Kapitel der Bergeller Geschichte, die sich in diesen Gemäuern abspielten; man spürt es förmlich, wenn man die Verliese betritt. Die letzten Hinrichtungen wurden im Jahr 1795 vorgenommen.

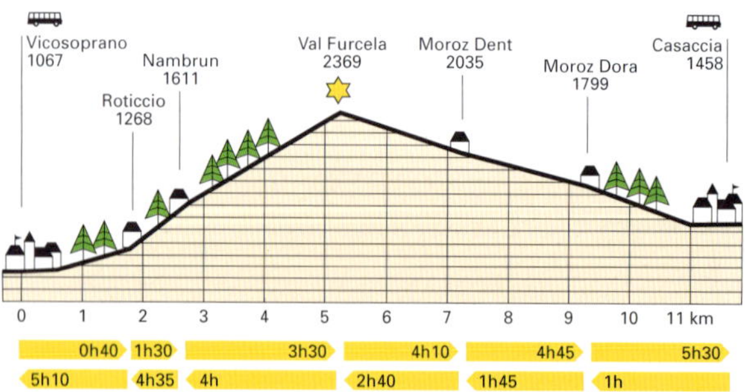

Die heute verfallene Kirche San Gaudenzio bei Casaccia stammt aus dem 10 Jh. und war einst ein berühmter Wallfahrtsort.

2369 m Höhe. Rechts des Baches, im Val Furcela, befindet sich ein Wildasyl. Oft äsen hier morgens und abends grosse Rudel von Hirschen.
Nun geht es nur noch abwärts: über die Alpen ***Maroz Dent*** und ***Maroz Dora*** auf gut markiertem Weg nach ***Casaccia.***

Brücke über die Maira bei Vicosoprano. Der Rundturm im Hintergrund diente einst als Folterkammer für vermeintliche Hexen.

40 Mitten in den Felsenzirkus der Bergeller Kletterberge

3h30 Promontogno–Val Bondasca–Capanna di Sciora CAS

Die Wanderung ins Herz der Bondascagruppe gehört zum Eindrücklichsten, was man im Bergell unternehmen kann. Wand steht hier an Wand, Kante an Kante, und zwischen die Granitberge zwängen sich die Gletscher.

Von den Grotti hinter ***Promontogno*** folgen wir dem Weg durch den Wald. Der Wanderweg führt auf der linken Seite des schäumenden Bondascabaches immer höher, zuletzt weniger steil auf dem Alpweg bis ins hintere Bondascatal nach ***Laret*** (Wiesen und einige Hütten). Dort wird der Weg schmal; man überschreitet den Bach und folgt ihm durch lichten Lärchenwald zunächst ein Stück weit. Dann windet sich der Pfad durch den steilen, mit Felsen durchsetzten Hang (Camin) – einem kleinen Bergbach folgend – in die

PROMONTOGNO. Die Umfahrungsstrasse mit Tunnel hat die engen Durchfahrten von Promontogno und Bondo weitgehend vom Verkehr befreit und wieder eine gewisse Ruhe in die Gassen der Dörfer gebracht. Die hohen alten Häuser mit verzierten Fensterumrandungen und Inschriften zeigen italienisches Gepräge. In Richtung Bondascatal gibt es einige gemütliche Grotti, Steintische und Bocciabahnen unter riesigen Kastanienbäumen. Auffälligstes Bauwerk ist die alte Talkirche Nossa Donna. Die Kirche wurde erstmals im Jahr 988 urkundlich erwähnt. Als kriegerisches Gegenstück thront neben der Kirche die Burg Castelmur. Ihr Fundament steht höchstwahrscheinlich auf römischen Grundmauern («Murus»). Eine Familie «Castromuro» taucht in den Urkunden erstmals 1186 auf; sie beherrschte den Taldurchgang. «Castellum ad Bergalliam» hiess die Anlage um 842. Hier teilt eine Talenge das Bergell in den unteren («Sotto Porta») und einen oberen Teil («Sopra Porta»). Unterhalb, am anderen Berghang, sprengen und sägen braungebrannte, muskelbepackte Männer den Berg ab: Gneis, der hauptsächlichste Baustoff des Tales, ist gefragt – und das nicht nur im Tal selbst.

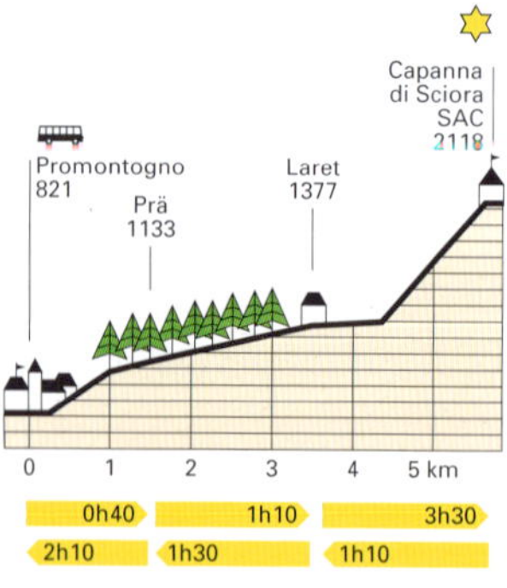

In Promontogno fallen die hohen Häuser auf. Das Dorf wird von Nossa Dunna mit der alten Talkirche Sta. Maria und einem mittelalterlichen Wachtturm überragt.

Unser Weg zur Sciorahütte überquert die wild schäumende Bondasca. In der Ferne lockt die Sciora-Gruppe, ein beliebtes Ziel vieler Bersteiger.

Höhe bis zur Schäferhütte bei Naravedar. Nun geht es durch Legföhrenwald auf einen überwachsenen Moränengrat, von dem aus die ***Sciorahütte*** der Sektion Hoher Rohn des Schweizer Alpenclubs sichtbar ist. Wir erreichen sie, indem wir über den Moränenrücken aufsteigen.

Die Hütte ist Ausgangspunkt für viele Kletterpartien in der Sciora- und der Bondascagruppe – darunter einige der schönsten Kantenklettereien des Bergells: Piodakante, Bügeleisenkante, Fuorikante. Gegenüber beeindrucken vor allem der Cengalo und der Pizzo Badile mit seiner Ost- und Nordostwand, die beide eine spannende und dramatische Besteigungsgeschichte aufweisen.

Abkürzung

Die Fahrstrasse von Promontogno/Bondo nach Laret ist für den Verkehr geöffnet. Bewilligungen sind gegen eine Gebühr in der Gaststätte und im Laden von Bondo erhältlich (Tafeln beachten).

41 An den Fuss des Pizzo Badile

3h Promontogno–Capanna Sasc Furä CAS

Die Sasc-Furä-Hütte des Schweizer Alpenclubs ist Ausgangspunkt für die Kletterrouten an der West-, Nordost- und Ostwand des Pizzo Badile sowie an seiner berühmten Nordkante.

Von den Grotti hinter ***Promontogno*** folgen wir dem Weg durch den Wald. Der Wanderweg führt auf der linken Seite des schäumenden Bondascabaches immer höher, zuletzt weniger steil auf dem Alpweg bis ins hintere Bondscatal nach ***Laret*** (Wiesen und einige Hütten). Vor der ersten Hütte von Laret zweigt der Weg nach rechts ab, und eine Brücke führt auf die linke Talseite. Auf gutem Bergpfad geht es steil hinauf durch den Lärchenwald. Im oberen Teil wird der Weg etwas flacher und führt zunächst rechts haltend und dann wieder gerade hinauf zur ***Sasc-Furä-Hütte.***
Die Hütte liegt ganz besonders idyllisch inmitten der letzten Föhren vor der Baumgrenze. Pfadspuren führen noch etwas weiter hinauf. Dort, wo die ersten Granitplatten aus der dunklen Erde hervortreten, findet man im Sommer kleine Tümpel mit Wollgras. Wir geniessen die tolle, stimmungsvolle Landschaft unter der jäh aufschiessenden Granitkante des Pizzo Badile. Die Hütte ist Ausgangs-

PIZZO BADILE. Badile bedeutet Schaufel, und wie eine Schaufel präsentiert sich der Berg in der Tat. An den Wänden dieses Berges wurde immer wieder Alpinismus-Geschichte geschrieben. 1867 erstieg der Engländer W.A.B. Coolidge mit einigen Gefährten den 3308 m hohen Gipfel des Piz Badile erstmals. 1923 erkletterte der Bergführer Walter Risch mit einem Gast zum erstenmal die Nordkante und 1937 der Italiener Riccardo Cassin mit fünf Landsleuten erstmals die Nordostwand. Der Österreicher Hermann Buhl war der erste Alleingänger in dieser glatten Wand. In den sechziger, siebziger und achtziger Jahren wurden dann auch schwierigste Sportklettereien durch die West- und Ostwand eröffnet.

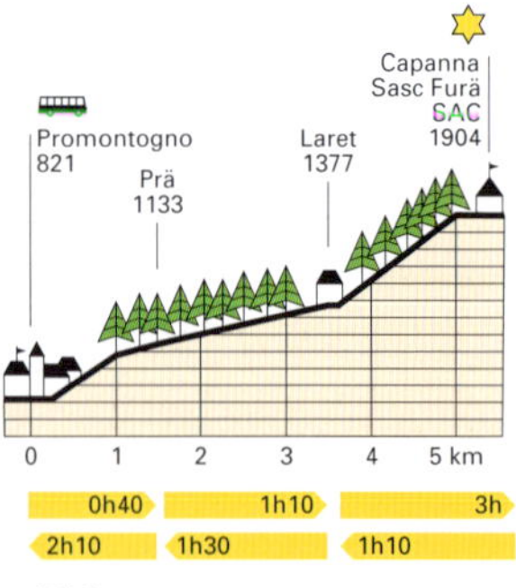

Die Kirche von Promontogno wacht über die Arbeit des Bauers beim Einbringen der Heuernte.

punkt für zahlreiche Klettereien am Pizzo Badile, Cengalo, Punta S. Anna und Pizzo Trubinasca.

Abkürzung

Die Fahrstrasse von Promontogno/Bondo nach Laret ist für den Verkehr geöffnet. Bewilligungen sind gegen eine Gebühr in der Gaststätte und im Laden von Bondo erhältlich (Tafeln beachten).

Von der Sasc-Furä-Hütte geniesst man einen atemberaubenden Blick auf den Pizzo Cengalo und Pizzo Badile. Sie sind Traumziele für wagemutige Bergsteiger.

42 Zu den Walsern ins Avers

9h Soglio–Dair–Pass da la Prasgnola–Val Madris–Avers Cröt

Diese alpine Route atmet eine jahrhundertealte Geschichte. Seit die Bauern von Soglio anno 1412 die Alpen im Val Madris kauften, wird der Übergang benutzt. Seit einigen Jahren versetzen Pläne der Kraftwerke Hinterrhein, das Val Madris zu überfluten, Wanderer und Naturfreunde in Unruhe.

Am besten schaut man nicht nach oben, wenn man den Weg beim Dorfbrunnen von ***Soglio*** unter die Füsse nimmt: 1600 Höhenmeter warten darauf, bezwungen zu werden. Der Weg ist zuerst breit und bequem, dann wird er schmal und steigt am Waldrand leicht an. Man folgt in diesem etwas unübersichtlichen Gelände immer genau der weiss-rot-weissen Markierung. Am Rand des Luverbach-Tobels – auf der anderen Seite des Baches ist schon Italien – biegt der Weg nach Norden ab. Die Tiefe ist schon gewachsen; zu unseren Füssen, tief unten, liegt die Zollstation von Castasegna. Aufwärts blickend erkennen wir die Einsattelung des Prasgnolapasses, eingefasst von der Cima da Cävi rechts und dem Pizzo Gallegione (3107 m) links. Bald tauchen die Ställe von ***Dair*** auf. Sie kleben hier oben, auf rund 1800 m ü.M., an steilen Wiesen, Zeugen einer vergangenen Bauernkultur, die mangels Rendite heute nicht mehr gepflegt wird: zu steil, zu abgelegen und zu wenig ergiebig. Wiesen verganden, Gebäude stürzen ein; die Natur holt sich zurück, was der Mensch einst für sich genommen hatte.

PASS DA LA PRASGNOLA. Sogar Soldaten – wen wundert's – sind einmal über diesen 2724 m hohen Gebirgspass gezogen: Ums Jahr 1329 versuchten Truppen von Chiavenna, wegen alter Alpstreitigkeiten das von Walsern besiedelte Land im Avers zu erobern, doch vergeblich. Die Walser sind bis heute in diesem Hochtal ansässig; Juf ist mit 2126 m die höchste ganzjährig bewohnte Siedlung Europas. Freiwillige aus der ganzen Welt haben in den letzten Jahren die Steintreppen auf der Nordseite des Passes instand gestellt. Dreihundert Stufen sollen es sein, jede Platte von Hand zurechtgerückt. Kiloschwer die einen, tonnenschwer die anderen.

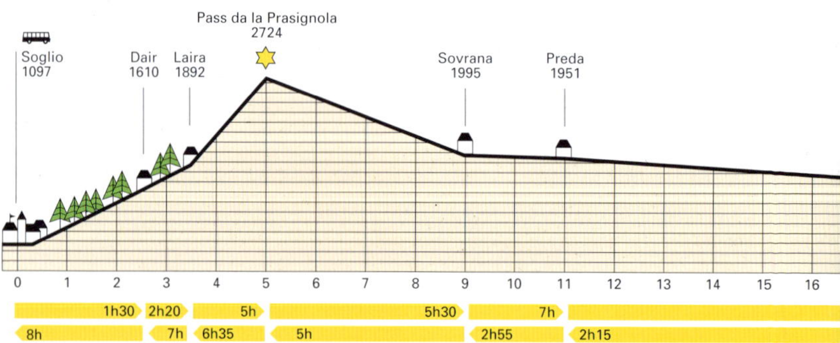

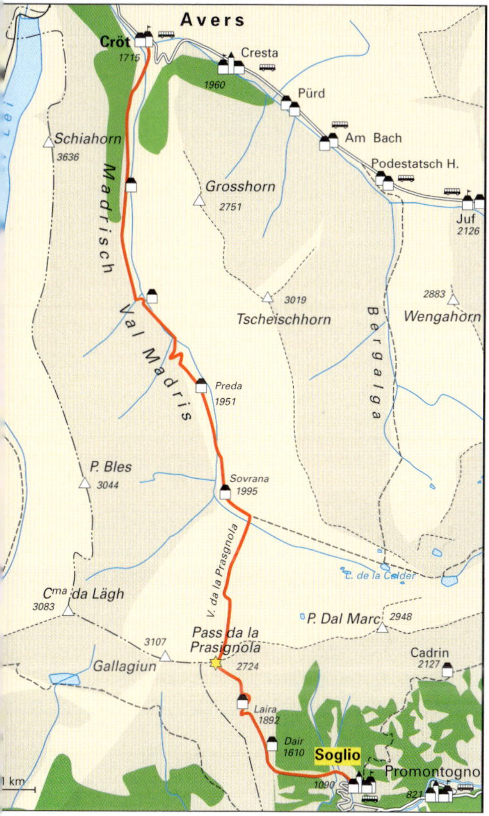

Cröt im Avers ist der ersehnte Endpunkt unserer langen Wanderung.

Früher war der 2724 m hohe Prasgnola-Pass eine wichtige Verbindung vom Avers ins Bergell und deshalb wurde hier eine Steintreppe angelegt.

In ***Laira,*** den letzten Ställen und Hütten vor der Passhöhe, kann man noch einige Menschen finden, die nach alter Väter Sitte heuen und ihre Tiere halten. Der Pfad steigt nun allmählich steiler an, windet sich zwischen Geröllbrocken hindurch, zuletzt im Zickzack durch eine Wüste aus Fels und Stein – wilde Natur. Der Wind weht meist recht rauh über den Pass, und auch im Hochsommer kann es hier oben schneien. Dann wird der ***Prasgnola-Pass*** zu einer nicht einfachen alpinen Herausforderung. Dann ist es gut, sich an die Altvorderen zu erinnern, die diesen 2724 m hoch gelegenen Übergang regelmässig benützten, denn die Bauern von Soglio bewirtschafteten während Jahrhunderten ihre Alpen jenseits des Passes im Val Madris. Heute zieht niemand mehr mit seinen Tieren über den Pass.

Über die Steinplattentreppe, dieses eindrückliche Zeugnis menschlichen Überlebenswillens, steigt man ohne Orientierungsschwierigkeiten in den flachen, moorigen Boden des Val Madris zu den Alpen ***Sovrana*** und ***Preda*** ab. Ab dem Ausgleichsbecken der Kraftwerke Hinterrhein führt eine geteerte Strasse hinaus ins ***Avers*** nach ***Cröt.***

Rund um die Bernina: Routen 43–45

Der Berninapass war immer ein stark frequentierter und wichtiger Übergang. Früher wurden mittels Saumkolonnen die Waren transportiert, heute geschieht dies mit der Bahn und auf der Strasse. Ein weiteres wichtiges «Transportsystem», die Hochspannungsleitung, führt über den Berninapass und erlaubt einen Stromaustausch zwischen der Schweiz und Italien.

43 Im Banne der vergletscherten Bernina-Gruppe

2h45 Diavolezza–Val d'Arlas–Lej Pitschen–Lago Bianco–Ospizio Bernina

Die Diavolezza wird von unzähligen Bergfreunden besucht, die von der Pracht und Schönheit der vereisten Palü- und Bellavista-Gruppe, des mächtigen Piz Bernina (mit 4049 m der höchste Berg in Graubünden) und der gleissenden Gletscherströme begeistert sind. Mit der Luftseilbahn Diavolezza gelangt man mühelos in dieses eindrückliche Eiskarussell.

Wer die freie Rundsicht von der Diavolezza voll geniessen möchte, sollte zum Munt Pers hinübergehen (1h15).
Von der Bergstation ***Diavolezza*** geht man rechts zum Firnfeld, das für die Freunde des Sommerskis erschlossen ist. Man überquert das Firnfeld unterhalb Sass Queder. Bei einiger Vorsicht bieten sich keine Schwierigkeiten. Am Ende des Firnfeldes zieht ein schöner steiler Weg auf dem Felsengrat abwärts zum ***Lej da la Diavolezza.*** Kurz vor dem See gabelt sich der Weg. Wer direkt zu den Bahnstationen Bernina Diavolezza (1h30) oder Bernina Suot (1h30) absteigen möchte, folgt dem Weg nach links am See vorbei in die Talsohle hinab.
Die Wanderroute zweigt hier nach rechts ab und führt ins Val d'Arlas hinein. Man hat eine prächtige Aussicht auf das See-

LA DIAVOLEZZA, DIE SCHÖNE TEUFELIN. Einer Sage zufolge hauste vor vielen Jahren eine wunderschöne Bergfee zwischen Chapütschöl und dem Munt Pers. Sie wurde nur selten und flüchtig von Jägern erblickt und mit Vorliebe dann bestaunt, wenn sie über die Felswände des Munt Pers zum Lej da la Diavolezza hinüberging, um ein erfrischendes Bad zu nehmen. Die jungen Jäger wurden ganz vernarrt und unvorsichtig. Sie folgten der schönen Fee, die stets von einer Gemsherde bewacht wurde, über die Felsengänge zu ihrem Felsenschloss. Was dort geschah, weiss man nicht, man ahnt es nur. Ein Jäger nach dem anderen verschwand und verlor sich am Munt Pers (verlorener Berg). Auch Aratsch kehrte von der Jagd nicht zurück. Vergeblich wurde nach ihm gesucht. Man musste annehmen, er sei in die Gletscherbrüche gefallen oder abgestürzt. Wer bei Einbruch der Nacht sich in der Region des Berninamassivs aufhielt, hörte die Klagestimme der Diavolezza, die ausrief: «Mort ais Aratsch» (Aratsch ist tot). Das erzählte man sich von Generation zu Generation und nannte die schöne Alp im Kessel der Bernina-Gruppe Alp Morteratsch. Ob die Geschichte wohl stimmt? «Es wird schon so sein!» sagt der Grossvater auf der gemütlichen Ofenbank.

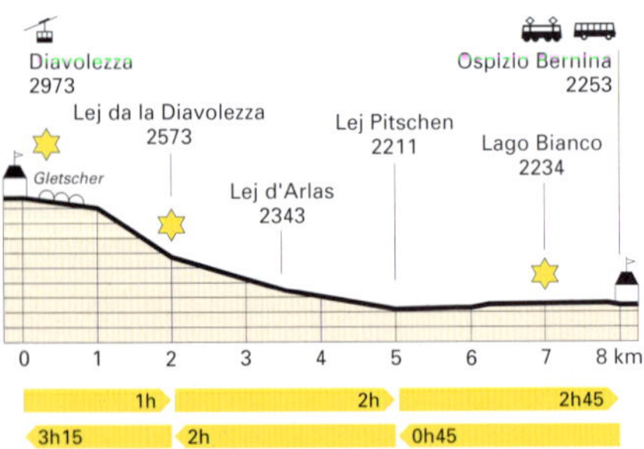

Gasthäuser unterwegs
Diavolezza-Bahn AG, Bergrestaurant ⊨ ⊢
7710 Bernina Suot, Tel. 081 842 62 05
Diavolezza-Bahn AG, Talrestaurant Piz Al
7710 Bernina Suot, Tel. 081 842 66 55
Albergo Ospizio Bernina ⊨ ⊢,
Fam. Martino-Vitali,
7710 Ospizio Bernina, Tel. 081 844 03 03
Ristorante Cambrena ⊨,
7710 Ospizio Bernina, Tel. 081 844 05 12
Bahnhofbuffet RhB ⊨,
7710 Ospizio Bernina, Tel. 081 844 03 07

nplateau am Berninapass, das im Hintergrund von den Puschlaver Bergen abgeschlossen wird. Die Farbunterschiede der Seen sind gut zu sehen: Der Lago Bianco (Weisser See) wird von den milchigen Bächen des Cambrenagletschers gespeist; alle anderen, wie der Lej Nair (Schwarzer See), erhalten ihre Zuflüsse über das Grundwasser. Von den gegenüberliegenden Bergspitzen sei der Piz Albris erwähnt, wo sich die grösste Steinwildkolonie der Schweiz entwickelt hat. Dies ist die Bündner Mutterkolonie, wo alljährlich Steinwild zu Versetzungszwecken eingefangen wurde. Der Versuch, das einst ausgerottete Steinwild und Wappentier Graubündens wieder einzubürgern, ist gelungen. Heute muss mit gezielter Jagd der Steinwildbestand reguliert werden. Im Val d'Arlas geht man am Lej d'Arlas, der bald völlig verlandet sein wird, vorbei und folgt dem Pfad auf der rechten Talseite hinunter zum ***Lej Pitschen*** (Kleiner See). Als Variante bietet sich hier der alte Weg vom Lej Pitschen durch die Talsohle nach Bernina Diavolezza (1h) an.

Nun wandert man auf der alten Via Romana, dem Lej Nair entlang, zum Lago Bianco. Hier, an der nördlichen Staumauer des Lago Bianco, steht man an einer Wasserscheide. Das Wasser des Lej Nair fliesst über Inn und Donau ins Schwarze Meer, dasjenige des Lago Bianco über Adda und Po in die Adria. Wie die unterschiedliche Sprachform der beiden Seen zeigt, bildet die Wasserscheide auch die Grenze zwischen dem rätoromanischen und dem italienischen Sprachgebiet. Unterhalb oder auf der Staumauer wandert man auf die andere Seeseite. Nach dem Überschreiten der Bahnlinie verlässt man den Fahrweg und biegt rechts in den Wanderweg ein, der zur Station ***Ospizio Bernina*** der Rhätischen Bahn hinüberführt. Dabei bietet sich eine prächtige Sicht über den See zum vergletscherten Piz Cambrena, und im Süden zeigen sich die Spitzen der Bergamasker Alpen.

Die markanten drei Spitzen des Piz Palü locken viele Bergsteiger an. Die gleissenden Hänge fallen steil zum Persgletscher hinab und bilden ein eindrückliches Panorama. Die Diavolezza ragt wie ein Balkon in dieses Eiskarusell hinein und wird entsprechend viel besucht.

44 Blumenpracht und Gletschermilch

2h45 Ospizio Bernina–Lej Nair–Scala–Sassal Mason–Alp Grüm

Leichte, schöne Wanderung um den Lago Bianco zum Aussichtspunkt Sassal Mason. Der Wanderweg führt über blumenreiche Alpweiden, wobei viele seltene Alpenblumen zu entdecken sind. Beim Cambrena-Geschiebefächer sind durch das Zurückweichen des Gletschers viele Pionierpflanzen zu finden. Nach Sassal Mason führt der Pfad zunächst recht steil hinunter, ehe man auf einem angenehmen Weg die Wanderung fortsetzen kann.

Das Seenplateau am Berninapass kann man vom Piz Campasc am besten überblicken. Es ist ein sehr schöner Aussichtsberg (Ospizio Bernina–Piz Campasc 1h40).
Von der RhB-Station ***Ospizio Bernina*** geht man 100 m die Strasse hinauf und biegt in den links abzweigenden, nordwärts führenden Wanderweg ein. Dieser führt dem See entlang und mündet kurz vor der nördlichen Staumauer in den Fahrweg. Man überschreitet das Bahngeleise und wandert auf der Staumauer oder auf dem Weg neben dem ***Lej Nair*** auf die andere Seeseite. Auf der rechten Seeseite wandert man über den Cambrena-Geschiebefächer südwärts, vorbei an den Kiesbergen. Vom Geschiebefächer führt ein schöner Weg dem Lago Bianco entlang bis zur Staumauer am Südende des Sees, nach ***Scala*** (Ospizio Bernina 40 min). Dabei hat man freie Sicht zum Piz Lagalb im Norden und zum Höhenzug mit dem Piz Campasc östlich des Sees.
Von Scala führt der Weg aufwärts zum

LAGO BIANCO. Die milchige Farbe dieses Sees verrät, dass seine Zuflüsse überwiegend vom Gletscherwasser stammen. Die Eismassen führen mahlend und schleifend Steine und Geschiebe mit sich und bearbeiten unaufhörlich den felsigen Untergrund. Dieses sehr feine Schleifgut setzt sich nur sehr langsam ab und gibt dem Wasser die typische Farbe. Die anderen Seen der Gegend, z. B. der Lej Nair, beziehen ihren Zufluss aus dem klaren Grundwasser. Der aufgestaute Lago Bianco hat 21 Mio m^3 Inhalt; davon nützen die Kraftwerke Brusio 18 Mio m^3 des Wassers zur Erzeugung von elektrischer Energie. Über fünf Kraftwerksstufen wird das Wasser verarbeitet, ehe es in Campocologno die Schweiz verlässt. Ein Kubikmeter Wasser vom Lago Bianco ergibt, in allen Puschlaver Kraftwerken genutzt, durchschnittlich 3,4 kWh Strom.

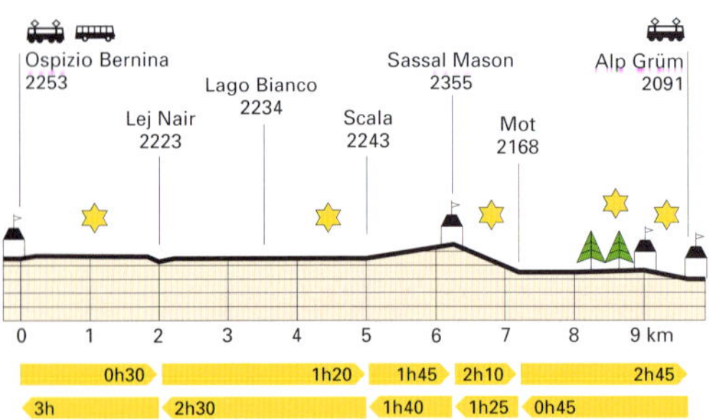

prächtigen Aussichtspunkt ***Sassal Mason.*** Eine überwältigende Fernsicht öffnet sich dem Betrachter. Der Blick schweift über die vielen Gipfel der Puschlaver Berge zu den fernen Bergamasker Alpen. Die charakteristischen runden Steinhütten sind aus Trockenmauern erstellt und dienen als Milchkeller und Vorratsraum. Im Puschlav findet man auf vielen Maiensässen diese sogenannten Crotti. Der Abstieg von Sassal Mason führt dem Hang entlang gegen den Palügletscher. Der Pfad macht nun einige Kehren, und man gelangt auf einen guten Weg, der in einem grossen Bogen in die Mulde führt. Im Bogen biegt man links ab, überschreitet das Bahngeleise und gelangt zu dem kleinen See auf dem Sattel. Hier, bei ***Mot,*** hat man eine schöne Sicht ins Val da Pila und zum Höhenzug mit dem Piz Campasc und Corn da Prairol. Auf der linken Seite wandert man hoch über dem Val da Pila durch lichten Lärchenwald und Alpenrosenfelder gegen ***Alp Grüm.*** Nach den grossen Steinwällen – Lawinenschutz für die Bahn – hat man eine überwältigende Sicht ins Puschlav. Ein kurzer, steiler Abstieg folgt nach dem Belvedere zur RhB-Station Alp Grüm hinunter. Nun wird der Wanderer von dem herrlichen Anblick des mächtigen Vadret da Palü, des Palügletschers, gefesselt. Er wird eingerahmt von den Bergspitzen Piz Varuna im Süden, Piz Palü und Piz Cambrena im Norden.

Am Berninasee erheischt der Piz Cambrena die Aufmerksamkeit der Betrachter. Seine Gletscherabflüsse geben dem See die typische, milchige Farbe. Wie die Pionierpflanzen dem zurückweichenden Gletscher folgen, kann sehr gut am Fusse des Cambrena-Gletschers beobachtet werden.

Gasthäuser unterwegs
Albergo Ospizio Bernina ⛝ ⟝,
7710 Ospizio Bernina,
Tel. 081 844 03 03
Ristorante Cambrena ⛝,
7710 Ospizio Bernina,
Tel. 081 844 05 12
Bahnhofbuffet RhB ⛝,
7710 Ospizio Bernina,
Tel. 081 844 03 07
Pension Sassal Masone ⛝,
7710 Alp Grüm, Tel. 081 844 03 23
Restaurant Belvedere ⛝ ⟝,
7710 Alp Grüm, Tel. 081 844 03 14
Bahnhofbuffet ⛝ ⟝,
7710 Alp Grüm, Tel. 081 844 03 18

45 Mehr als Nachschubweg für Veltlinerwein

4h Ospizio Bernina–Scala–Alp Grüm–Cavaglia–Cadera–Poschiavo

Als man in den Jahren 1906–1910 die Bahn über den Berninapass baute, wählte man den Weg über Alp Grüm und Cavaglia nach Poschiavo hinunter. Seither versetzen die vielen prächtigen Aussichtspunkte die Reisenden immer wieder in Entzücken.

Die Wanderung führt teilweise über die alte Berninaroute, die der Chronist Guler als «triebene Reichsstrasse» bezeichnete. Von der RhB-Station ***Ospizio Bernina*** geht man rund 100 m links dem Bahngeleise entlang, dann über den ansteigenden Pfad, der in den vom Hotel herkommenden Weg einmündet, in südöstlicher Richtung. Dieser schöne breite Weg zieht sich über die Weide, an den Alpgebäuden vorbei, gegen den See hinab. Die Geleise werden überschritten, und entlang dem Lago Bianco wandert man zur südlichen Staumauer bei ***Scala.*** Hier gabelt sich der Weg; rechts geht es über den Aussichtspunkt Sassal Mason (Alp Grüm 1h30). Die Wanderroute zweigt nach links ab und führt parallel zur Bahnlinie in Richtung Alp Grüm. Dabei hat man ein schöne Sicht ins Val da Pila und zum Höhenzug mit dem Piz Campasc und Corn da Prairol. Nach der Galeria Lunga (Schutz der Bahnlinie vor Lawinen) wandert man auf der linken Seite der Anhöhe hoch über dem Val da Pila durch lichten Lärchenwald und Alpenrosenfelder gegen Alp Grüm. Hinter den grossen Steinwällen hat man eine überwältigende Sicht ins Puschlav. Ein kurzer, steiler Abstieg folgt nach dem Belvedere zur RhB-Station ***Alp Grüm*** hinunter. Nun wird der Wanderer von dem herrli-

Über den Lago Bianco schreibt Georg Leonhardi in seinem 1859 erschienene Buch «Das Poschiavino-Thal»: «Zur Zeit, als die Strasse noch durch Cavaglia führte, entrollten sich auf dem zugefrorenen Weissen See in der erstarrten Alpennatur oft bunte Lebensbilder. Auf der Eisdecke war nämlich gerade an der Stelle, wo das selbstherrliche Engadin und das souveräne Poschiavo aneinander stossen, der Umladungsplatz. Da standen oft weit über hundert Säumer ialienischer, romanischer und deutscher Zunge neben ihren Bergrossen, welche mit ihrer eigenen Kraft, Ausdauer und Klugheit in militärischer Ordnung durch den tiefen Schnee hinaufgestiegen und mit merkwürdigem Instinkt den Gefahren ausgewichen waren.»

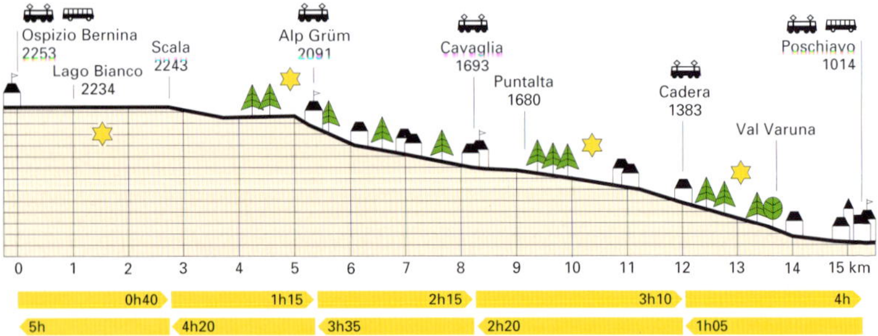

chen Anblick des mächtigen Vadret da Palü, des Palügletschers, gefesselt. Er wird eingerahmt von den Bergspitzen Piz Varuna im Süden, Piz Palü und Piz Cambrena im Norden.

Der Abstieg nach Cavaglia beginnt 30 m südlich des Bahnhofsgebäudes. Der Weg verläuft unterhalb der Station durch lichten Wald. Zwischen den alten Wetterlärchen hat man eine schöne Sicht zum Lagh da Palü und zum Palügletscher. Die Bahnlinie wird zweimal überquert, und ein schöner Weg zieht sich über La Dota nach Cavaglia hinab. Wie still und einsam ist jetzt diese Gegend, verglichen mit der Zeit des Warentransits! Ende des 18. Jh. zogen wöchentlich 250 bis 300 Saumrosse über den Pass, und diese Zahl verdoppelte sich jeweils in der Zeit des Weintransportes. Vom Dorf ***Cavaglia*** folgt man dem Weg durch die Ebene talauswärts, an der RhB-Haltestelle vorbei nach Puntalta (über Val Varuna nach Poschiavo 2h40). Auf der Anhöhe sind zahlreiche Gletschermühlen verborgen. Der Wanderer kann sich beim Überschreiten der tiefeingefressenen Schlucht ein Bild von der Gewalt des Wassers machen. Selbst die härtesten Felsen werden ausgehöhlt.

Bei Puntalta wird das Bahngeleise überschritten (auf die Züge achten!). Man folgt dem Weg parallel zur Berninabahn abwärts. Das Geleise muss beim Abstieg noch ein paarmal überquert werden. Nach dem zweiten Mal biegt nach links ein Waldweg ab (Cadera 30 min). Die Route verläuft geradeaus über die Maiensässe von Cadera und bietet eine wunderschöne Aussicht in die Talsohle mit dem Puschlaversee. Unterhalb der Maiensässe, in einer grossen Rechtskurve, zweigt ein markierter Pfad von der Strasse ab und führt zur RhB-Haltestelle ***Cadera.*** Man kann auch auf der Strasse abwärts wandern. Wir benützen den Pfad an der Haltestelle vorbei und stossen 100 m oberhalb der Haltestelle auf den Einstieg, der hinab zum Waldweg führt. Diesem Weg folgt man nun abwärts, und schon bald erreicht man Weidegebiet und hat freie Sicht in die Talsohle und über den langgezogenen Ort S. Carlo. Über die Weide führt ein schöner grasbewachsener Weg, ehe man nach einem kurzen steilen Stück, der alten Berninastrasse, das Val Varuna erreicht. Über den Schutzdamm wandert man abwärts, überquert die Strasse und geht zwischen Damm und Bach nach Martin hinunter. Nach rechts folgt man der Strasse nach ***Poschiavo,*** wo sie in die Umfahrungsstrasse einmündet. Dem Fluss Poschiavino entlang geht man bis zum ehemaligen Kino Rio und biegt rechts zum Bahnhof ab.

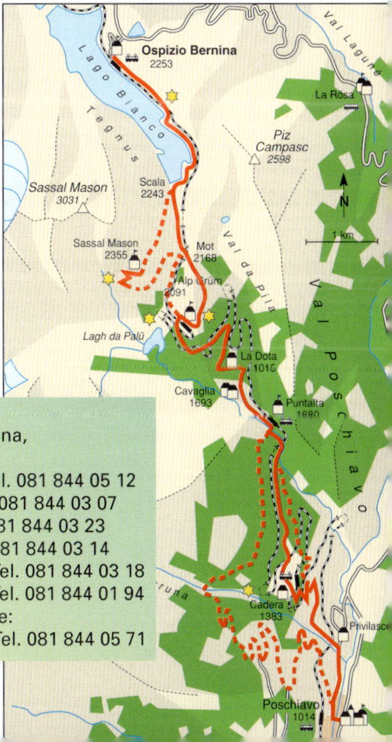

Gasthäuser unterwegs

Albergo Ospizio Bernina ⋈ ⊢, 7710 Ospizio Bernina, Tel. 081 844 03 03
Ristorante Cambrena ⋈, 7710 Ospizio Bernina, Tel. 081 844 05 12
Bahnhofbuffet RhB ⋈, 7710 Ospizio Bernina, Tel. 081 844 03 07
Pension Sassal Masone ⋈, 7710 Alp Grüm, Tel. 081 844 03 23
Restaurant Belvedere ⋈ ⊢, 7710 Alp Grüm, Tel. 081 844 03 14
Bahnhofbuffet ⋈ ⊢, T. Gervasi, 7710 Alp Grüm, Tel. 081 844 03 18
Buffet Casa Stazione, Cavaglia, 7742 Poschiavo, Tel. 081 844 01 94
7742 Poschiavo: 12 Gaststätten; Informationsstelle:
Tourismusverein Valposchiavo, 7742 Poschiavo, Tel. 081 844 05 71

Wege ins Val da Camp: Routen 46–50

Mitten in einer eindrücklichen Bergsturzmasse liegt der grösste See des Val da Camp, der Lagh da Val Viola. Mächtige Felsblöcke sind hier aufgeschichtet und lassen die unbändigen Naturkräfte erahnen.

46 Leuchtende Bergseen locken

3h45 La Rösa–Salva–Terzana–Lagh da Saoseo–Lungacqua–Salva–Sfazù

Herrliche Bergwanderung von der belebten Berninastrasse zum verträumten, tiefblauen Lagh da Saoseo. Dies ist die aussichtsreichste und schönste Route, um in das durch Bergstürze geformte, malerische Val da Camp zu gelangen.

Die Wanderung beginnt beim Parkplatz des Hotels ***La Rösa.*** Nach dem Überqueren des Poschiavino wandert man in der Flussrichtung dem Weg entlang bis zur Alp ***Lagüzzon.*** Mächtige, geschliffene Felsen säumen den Weg und zeugen von der unermüdlichen Arbeit der Gletscher. Kurz vor den Häusern zweigt der Wanderweg rechts ab und führt unterhalb der Wieseneinfassung an der Alp vorbei. Man hat hier eine sehr schöne Sicht ins Puschlav hinab. Der Wanderweg zieht sich im Lärchenwald leicht abwärts und erreicht nach zwei Kehren einen mächtigen Tobel. Nachdem der Bach im Tobel überschritten ist, folgt ein leicht welliger, angenehmer Wanderweg, der durch den Wald um den Hang herumführt. Unvermittelt erreicht man oberhalb des Weilers Salva den Waldrand und hat eine schöne Sicht ins vordere Val da Camp. Hinten riegelt der Ausläufer eines gewaltigen Bergsturzes das Tal ab. Durch dieses Naturereignis wurde eine romantische Landschaft mit vielen Bergseen geschaffen. Das Val da Camp gilt als eines der schönsten und abwechslungsreichsten Alpentäler.

Man folgt dem Strässchen hinunter, bis es hinter ***Salva*** in die Strasse vom Val da Camp einmündet. Auf der Naturstrasse (Fahrverbot, nur Zubringer gestattet) wandert man ins Tal hinein, bis man nach der ersten Stufe Mottacalva erreicht. Bei Mottacalva verlässt man die Strasse und wandert über die Ebene nach ***Terzana*** hinüber (Pozzulasc 1h15). Sobald der Campobach überschritten ist, folgt man dem markierten Pfad nach rechts um die Häuser herum. Er mündet in einen auf-

LA RÖSA war in der Zeit der Säumer ein bekannter Wechselort. Hier wurden die müden Tiere gegen frische ausgewechselt. La Rösa verfügte über 40 bis 60 Pferde. Mit der Eröffnung der Strasse (1865) verschwanden die Saumkolonnen, und der Pferdepostdienst wurde organisiert. Die Postkutschen und im Winter Postschlitten hatten jedoch nur eine kurze Zukunft, denn mit dem Bau der Berninabahn hatten sie ab 1913 endgültig ausgedient.

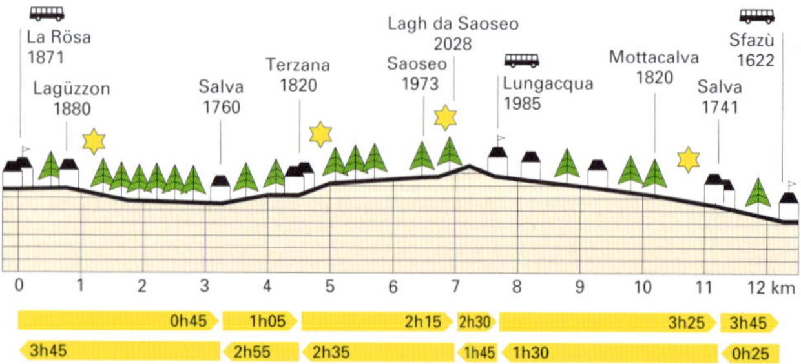

wärts führenden alten Weg ein, den man benützt. Im Wald wurden einige Kehren angelegt, um das steile Gelände leichter überwinden zu können. Nun trennen sich die Route nach Aurafreida und diejenige nach links ins Val da Camp. Es folgt eines der abwechslungsreichsten und schönsten Wegstücke. Zahlreiche Wasserläufe, Quellen, Felsblöcke und sumpfige Partien müssen umgangen werden, ehe man zum verträumten See Il Lagh gelangt. Nach dem See folgt man den markierten Wegspuren an Wasserläufen und Seelein vorbei durch lichten Lärchen- und Arvenwald nach Saoseo. Heidelbeersträucher und Alpenrosen bilden das Unterholz; dazwischen leuchten prächtige Blumengruppen hervor. Von Saoseo führt ein guter Weg zum Lagh da Saoseo. Nach einem letzten steilen Wegstück steht man am Abfluss des Sees. Man überquert den Steg und folgt den Pfadspuren um den halben See. Hier bietet sich eine prächtige Sicht über den tiefblauen ***Lagh da Saoseo*** mit der vergletscherten Palü-Gruppe im Hintergrund. Nicht umsonst gilt der See als Perle unter den Bergseen und lädt zum Verweilen ein.

Den zahlreichen Bergseen verdankt das wildromantische Val da Camp seine landschaftlichen Reize. Am meisten Besucher lockt der intensiv blaue Lagh da Saoseo in dieses herrliche Bergtal.

Erweiterungsmöglichkeiten der Tour; Lagh da Val Viola 45 min, und von hier: Lagh da Val Viola–Saoseo 1h15 und Camp–Lungacqua 1h15.

Zur Fortsetzung der Wanderung geht man bis zum Ausfluss zurück. Hier benützt man nun den Pfad nach rechts und folgt ihm bis ***Lungacqua.*** Über die Naturstrasse wandert man nun talauswärts über die Maiensässe Rügiul, Salina, Mottacalva und erreicht bei ***Salva*** wieder die Abzweigung gegen La Rösa (50 min). Auf der Strasse geht man weiter durch die malerischen Häuser von Salva, vorbei an Buril, und nach einem kurzen Abstieg erreicht man ***Sfazù.***

Gasthäuser unterwegs
Hotel Posta ⛝ ⊢⊣, 7742 La Rösa, Tel. 081 844 03 12
SAC Rifugio Saoseo, Lungacqua ⊢⊣, 7741 S. Carlo, Tel. 081 844 16 09
Ristorante Alpe Campo, Val da Camp ⊢⊣, 7741 S. Carlo, Tel. 081 844 04 82
Hotel Zarera, Sfazù ⛝ ⊢⊣, 7742 Sfazù, Tel. 081 844 12 82
Ristorante Sfazù, 7741 S. Carlo, Tel. 081 844 03 15
Ristorante Pozzolascio, 7741 S. Carlo, Tel. 081 844 02 39

47 Bergsturz als genialer Landschaftsgestalter

5h30 Sfazù–Mottacalva–Lungacqua–Lagh da Val Viola–Saoseo–Terzana–Sfazù

Das Val da Camp ist «das» Wandergebiet des Puschlavs und entsprechend viel begangen. Auf dieser Rundwanderung kommen die landschaftlichen Reize dieses Bergtales mit seinen leuchtenden Bergseen zur vollen Geltung.

Von ***Sfazù*** führt eine Naturstrasse (Fahrverbot, nur Zubringer gestattet) ins Val da Camp. Nach der ersten Steigung erreicht man Buril. Die nächste Siedlung am Wege heisst Salva.

Hinten riegelt der Ausläufer eines gewaltigen Bergsturzes das Tal ab. Durch dieses Naturereignis wurde eine romantische Landschaft mit vielen Bergseen geschaffen. Das Val da Camp gilt als eines der schönsten und abwechslungsreichsten Alpentäler. Man wandert auf der Strasse ins Tal hinein, die über die Alpen und Maiensässe ***Mottacalva,*** Salina, Rüguil nach ***Lungacqua*** führt. Am Rifugio Saoseo vorbei führt ein Weg direkt zum Lagh da Val Viola (45 min).

Diesen Weg verlässt man nach ca. 200 m und folgt rechts dem Pfad, der zum ***Lagh da Saoseo*** führt. Nach einem letzten steilen Wegstück steht man am Abfluss des Sees. Man überquert den Steg nicht, sondern folgt den Pfadspuren um den halben See.

Hier bietet sich eine prächtige Sicht über den tiefblauen ***Lagh da Saoseo*** mit der vergletscherten Palü-Gruppe im Hintergrund. Nicht umsonst gilt der See als Perle unter den Bergseen und lädt zum Verweilen ein.

Man setzt die Wanderung fort und steigt zum Lagh da Scispadus auf. Oberhalb dieses länglichen Sees stösst man auf den Weg, dem man aufwärts zum ***Lagh***

DIE ARVE, Pinus cembra, auch Zirbelkiefer genannt, ist ein prächtiger Baum, der am oberen Rande der Waldgrenze wächst. Sie ist von äusserst zähem Wuchs mit langen, dunkelgrünen Nadeln. Die stumpfen, fast eiförmigen, im Herbst reifenden Zapfen enthalten die Zirbelnüsse. Sie sind weiss und essbar und befinden sich unter den dicken Schuppen. Die Nüsse schmecken ähnlich wie Pinnienkerne. Diese Nüsse werden von Tannenhähern und Eichhörnchen gesammelt und im Depot als Wintervorrat gehortet. Aus den «vergessenen» Nüssen wachsen neue Arvenbäume heran. Das Holz des Stammes wird zur Herstellung der beliebten Arvenmöbel verwendet, die in den Stuben den charakteristischen Arvenduft verbreiten und daher sehr geschätzt sind.

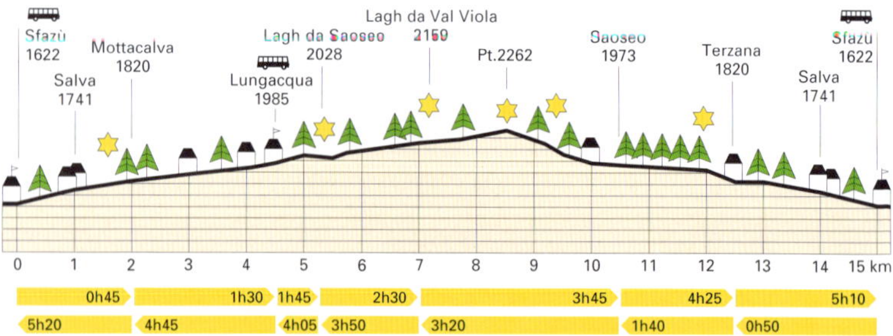

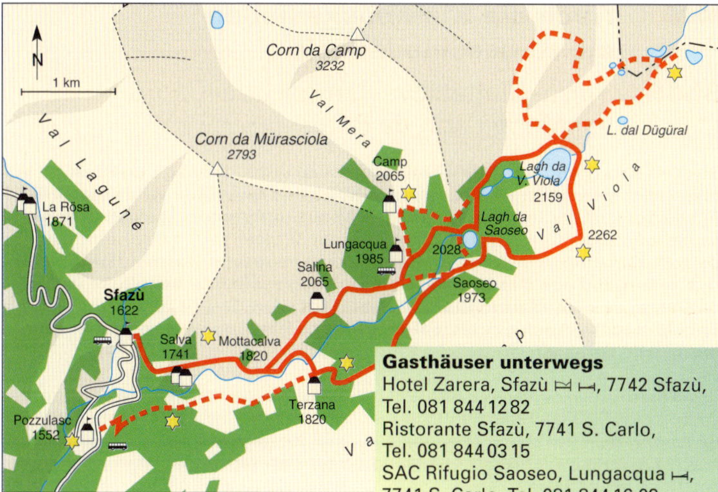

Gasthäuser unterwegs
Hotel Zarera, Sfazù, 7742 Sfazù, Tel. 081 844 12 82
Ristorante Sfazù, 7741 S. Carlo, Tel. 081 844 03 15
SAC Rifugio Saoseo, Lungacqua, 7741 S. Carlo, Tel. 081 844 16 09
Ristorante Alpe Campo, Val da Camp, 7741 S. Carlo, Tel. 081 844 04 82
Ristorante Pozzolascio, 7741 S. Carlo, Tel. 081 844 02 39

da Val Viola folgt (Rundweg; Pass da Val Viola–Lagh da Val Viola 2h15). Ausgedehnte Arvenbestände sind ein Kennzeichen des idyllischen Bergtales. Dieser See ist der grösste im Val da Camp. Vom Lagh da Val Viola geht die Wanderung über eine weniger bekannte Route nach Saoseo weiter. Man folgt den Pfadspuren am östlichen Ufer um den See, bis man diesen auf der gegenüberliegenden Seite zu seinen Füssen hat. Nun folgt ein steiler Aufstieg zwischen Steinen und wilden Felsblöcken hindurch zum Pt. 2262; es sind nur wenige Pfadspuren vorhanden, daher achte man auf die weiss-rot-weisse Markierung. Hier befindet man sich mitten in der Bergsturzmasse, die von der Scima da Saoseo herunterstürzte und die Voraussetzungen für das idyllische Val da Camp schuf. Beim erwähnten Punkt stösst man auf einen Pfad, der zum Lagh da Saoseo hinunterführt. Die Wanderung verläuft in einem sehr abwechslungsreichen und wilden Talabschnitt. Etwa auf halbem Wege gelangt man an einigen kleinen Seelein vorbei. Besonders im Frühsommer bilden diese kleinen blauen Seen und der gleichfarbige Lagh da Saoseo in der Tiefe ein romantisches Bild. Oberhalb des Lagh da Saoseo stösst man auf einen Weg, der nach links über die Alp Saoseo nach ***Saoseo*** (über die Strasse direkt nach Sfazù 1h) führt.

Von Saoseo folgt man den markierten Pfadspuren auf der linken Talseite. Sie führen an Wasserläufen und Seelein vorbei durch lichten Lärchen-Arven-Wald, eines der schönsten und vielseitigsten Wegstücke im Val da Camp. Nach dem See Il Lagh folgt ein kurzer Aufstieg, ehe es an zahlreichen Wasserläufen, Quellen, Felsblöcken und sumpfigen Partien vorbeigeht. Oberhalb Terzana stösst man auf den von Aurafreida herunterziehenden, steilen Pfad, dem man bis ***Terzana*** folgt (Pozzulasc 1h15). Die Alpgebäude werden links umgangen und man wandert über die Ebene nach Mottacalva. Hier stösst man auf die Naturstrasse, über die man taleinwärts gewandert ist, und folgt ihr über Salva, Buril nach ***Sfazù*** zurück.

48 Auch die Steinböcke lieben die Abgeschiedenheit

3h45 Sfazù–Mottacalva–Lungacqua–Camp–Val Mera–Lagh da Roan

Ein Ziel, das nicht von allen erreicht werden wird, der Lagh da Roan im Val Mera. Wer trittsicher und berggewohnt ist und gern über wilde, natürliche Pfade geht, sollte ins Revier der Steinböcke eindringen. Während man im vorderen Val da Camp durch blumenreiche Matten und Alpweiden wandert, stösst man beim Lagh da Roan in eine vegetationsarme, dafür steinreiche Gegend vor. Das Val Mera öffnet überraschende Ausblicke ins Val da Camp, das vom Corno di Dosdè überragt wird. Der Pfad verliert sich im Val Mera immer mehr; zuletzt sind nur noch Pfadspuren vorhanden. Nur natürliche Strassen, Wege und Pfade, kein Hartbelag.

Von ***Sfazù*** führt eine Naturstrasse (Fahrverbot, nur Zubringer gestattet) ins Val da Camp. Nach der ersten Steigung erreicht man Buril. Die nächste Siedlung am Wege heisst Salva.
Hinten riegelt der Ausläufer eines gewaltigen Bergsturzes das Tal ab. Durch dieses Naturereignis wurde eine romantische Landschaft mit vielen Bergseen geschaffen. Das Val da Camp gilt als eines der schönsten und abwechslungsreichsten Alpentäler. Man wandert auf der Strasse ins Tal hinein, die über die Alpen und Maiensässe ***Mottacalva,*** Salina, Rüguil, ***Lungacqua*** bis zum Ende bei der Alp ***Camp*** führt. Dabei werden

Der Steinbock, das prachtvolle Wappentier des Kantons Graubünden und vieler Gemeinden ist in der Schweiz im 16./17. Jh. ausgerottet worden. Er wurde ein Opfer des Aberglaubens der damaligen Zeit, da man im Körper des Steinbocks allerlei Heilmittel vermutete. Ja, man könnte den Steinbock als wandelnde Apotheke bezeichnen. So fand z. B. das Horn des Steinbocks, fein geschabt, Verwendung gegen allerlei Leiden, gegen Krämpfe, Koliken, Vergiftungen und ähnliches. Das Blut galt wegen des Aufenthaltes der Steinböcke im steinigen Gelände als wirksames Mittel gegen Blasensteine. Herz und Mark wurden als vorzügliche Kräftigungsmittel betrachtet; selbst der Mist des Tieres, seine bohnenförmige Losung, war eine begehrte Medizin gegen Blutarmut, Zipperlein, Schwindsucht usw.
In diesem Jahrhundert konnte das Steinwild durch das Aussetzen von Tieren aus Reservaten im Alpengebiet wieder angesiedelt werden. Die Steinwildkolonien haben sich prächtig entwickelt, so dass heute wieder eine selektive Jagd nötig ist, um die Bestände im Gleichgewicht und gesund zu halten.

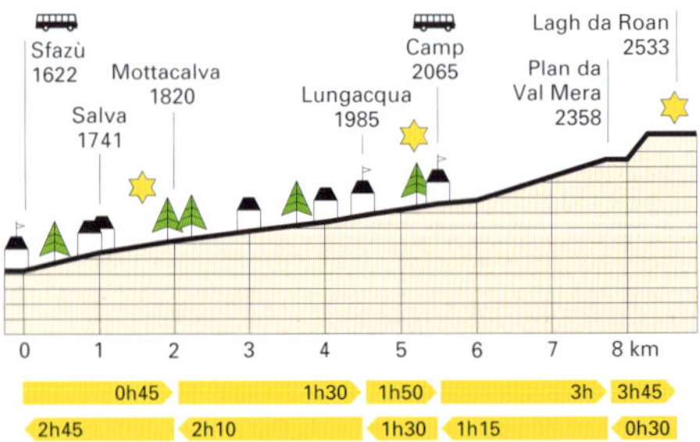

dem Wanderer die vielen Blumenarten auffallen. Das Val da Camp ist nicht umsonst Pflanzenschutzgebiet. Neben den häufigen Sorten gibt es verschiedene Orchideen- und Lilienarten zu entdecken. Die Alp Camp wird von der mächtigen Felswand, dem Corn da Camp, überragt und dominiert. Sie wirkt nicht nur auf die Bergsteiger wie ein Magnet, sondern bietet auch dem Steinbock einen idealen Standort. Im Winter wechselt das Steinwild zum Corn da Mürasciola hinüber, wo es bessere und geschütztere Verhältnisse vorfindet.
Man wandert von Camp über den Weg, der zwischen den Alphütten hindurch in die Ebene mit den prächtigen Wiesen führt. Diese Wiesen durchquert man bis zum Bach; bitte auf dem markierten Weg bleiben und die Wiesen nicht betreten! Über die Brücke wechselt der Wanderer auf die linke Talseite und folgt am Fusse vom Corn da Camp dem Pfad aufwärts ins Val Mera. In gleichmässiger Steigung erreicht man eine schöne Hochebene, den ***Plan da Val Mera.*** Diese Ebene durchquert man in nordwestlicher Richtung auf die Felswand zu. Nun wechselt man auf die andere Bachseite und folgt

Ein kapitaler Steinbock sucht an einer aperen Stelle nach dem spärlich vorhandenen Futter. Die langen Winter sind für alle Wildtiere sehr hart und entbehrungsreich. Deshalb sollten sie in ihren Einständen nicht gestört werden. Jede Flucht verursacht einen zusätzlichen Kalorienverbrauch, der durch Fettreserven ersetzt werden muss.

den Pfadspuren, die rechts von der Felswand dem Bach entlang steil hinaufführen. Hat man die Höhe erreicht, wird das Gelände fast flach. Man wandert gegen den nördlich das Tal abschliessenden Kessel weiter und gelangt zum Ziel, dem ***Lagh da Roan.*** Nach der Felswand und besonders beim See wähnt man sich in einer anderen Gegend. Ist man auf der Alp Camp noch durch üppige, blumenreiche Wiesen geschritten, trifft man hier praktisch keine Vegetation mehr an.

Gasthäuser unterwegs
Hotel Zarera, Sfazù, 7742 Sfazù, Tel. 081 844 12 82
Ristorante Sfazù, 7741 S. Carlo, Tel. 081 844 03 15
SAC Rifugio Saoseo, Lungacqua, 7741 S. Carlo, Tel. 081 844 16 09
Ristorante Alpe Campo, Val da Camp, 7741 S. Carlo, Tel. 081 844 04 82
Ristorante Pozzolascio, 7741 S. Carlo, Tel. 081 844 02 39

Dreht man sich um, so wird man von der grandiosen Aussicht zu den Bergspitzen des Val da Camp überrascht sein. Die Mühen des Aufstieges sind rasch vergessen. Man geniesst das herrliche Panorama.
Rückweg über die gleiche Route oder ab Camp–Lagh da Saoseo–Sfazù (1h45).

49 Wasserläufe, Quellen und Felsblöcke säumen den Weg

3h Pozzulasc–Doss–Terzana–Saoseo–Lagh da Saoseo–Lagh da Val Viola

Herrliche Bergwanderung für Liebhaber abwechslungsreicher Landschaften. Man durchwandert das Val da Camp in seiner ganzen Länge, wobei der terrassenförmige Aufbau besonders klar hervortritt.

Vom Ristorante ***Pozzulasc*** aus benützt man zunächst 50 m die Strasse abwärts gegen Poschiavo und biegt dann in den Weg auf der linken Strassenseite ein. Nach weiteren 50 m zweigt vor dem Haus der Pfad links ab und führt um die Wiesen herum und zum Alpweg hinauf. Diesem folgt man bis zur zweiten Kehre und benützt nun den Weg geradeaus, der zum Maiensäss ***Doss*** hinaufführt. Die erste Stufe ist erreicht. Es bietet sich eine schöne Aussicht zum Piz Lagalb, zu dem Bergrücken mit dem Piz Campasc und dem Corn da Prairol. Hinter letzterem ragt die Spitze des Piz Palü hervor. Der Weiler auf der anderen Seite des Val da Camp ist Salva. Bei Doss wird der Weg verlassen. Man benützt den Pfad, der oberhalb der Wiesen an den Maiensässen Suracqua entlangführt. Über blumenreiches Weidegebiet wandert man tiefer in das Val da Camp hinein und stösst auf den tosenden Campobach, der eine weitere Geländestufe anzeigt. Dem alten Weg folgt man aufwärts nach ***Terzana,*** das am Rande einer schönen Ebene liegt. Die Häuser lässt man links liegen und folgt dem aufwärts führenden alten Weg. Im Wald wurden einige Kehren angelegt, um das steile Gelände

KONTRASTE IM PUSCHLAV. Mit einer Fläche von 238 km² ist das Puschlav etwa gleich gross wie der Kanton Zug. Vom ewigen Schnee der Bernina–Gruppe senkt sich das Tal in nur 20 km Luftlinie zu den Weinbergen des Veltlins hinab. Dadurch entstehen kaum zu übertreffende Kontraste. Wenn in Brusio die Heuernte beginnt, herrscht auf dem Berninapass noch Winter mit Schnee und Eis. Brechen die zarten Soldanellen auf der Passhöhe durch die Schneekruste, ernten in Campascio die Bauern bereits die ersten Kartoffeln.
Im Bergfrühling Ende Juni/Anfang Juli kann man diese Kontraste auf den Wanderungen im Val da Camp erleben. Wenn in Sfazù die Bauern das Heu einbringen, wird das hintere Val da Camp vom Gelb der Schwefelanemonen beherrscht, und den zurückweichenden Schneeresten folgen die violetten Glöckchen der Soldanellen. Welch grosse Kontraste auf diesem engen Raum!

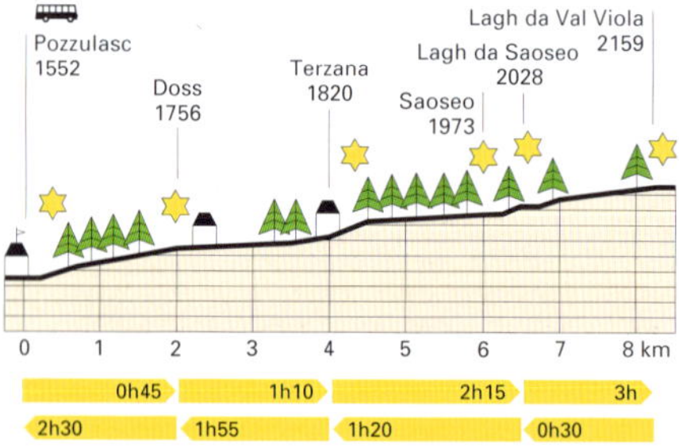

Gasthäuser unterwegs
Ristorante Pozzolascio, 7741 S. Carlo, Tel. 081 844 02 39
SAC Rifugio Saoseo, Lungacqua ⟝⟞, 7741 S. Carlo, Tel. 081 844 16 09
Ristorante Alpe Campo, Val da Camp ⟝⟞, 7741 S. Carlo, Tel. 081 844 04 82
Hotel Zarera, Sfazù ⊠ ⟝⟞, 7742 Sfazù, Tel. 081 844 12 82
Ristorante Sfazù, 7741 S. Carlo, Tel. 081 844 03 15

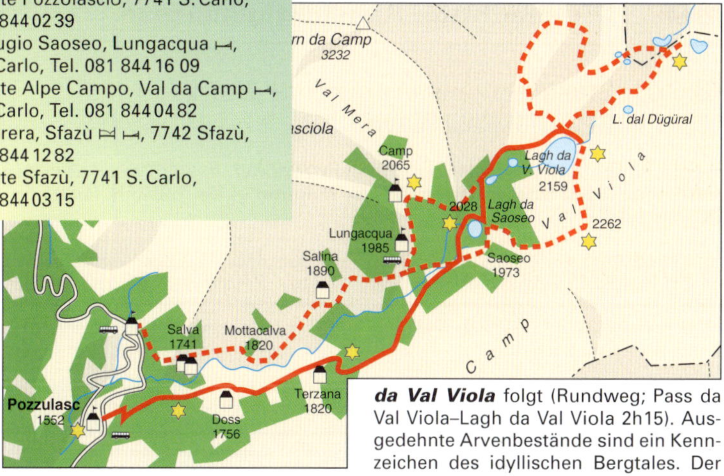

leichter überwinden zu können. Nun trennen sich die Route nach Aurafreida und diejenige nach links ins Val da Camp. Es folgt eines der abwechslungsreichsten und schönsten Wegstücke. Zahlreiche Wasserläufe, Quellen, Felsblöcke und sumpfige Partien müssen umgangen werden, ehe man zum verträumten See Il Lagh gelangt. Nach dem See folgt man den markierten Pfadspuren an Wasserläufen und Seelein vorbei durch lichten Lärchen- und Arvenwald nach Saoseo. Heidelbeersträucher und Alpenrosen bilden das Unterholz; dazwischen leuchten prächtige Blumengruppen hervor. Von Saoseo führt ein guter Weg zum ***Lagh da Saoseo.*** Nach einem letzten steilen Wegstück steht man am Abfluss des Sees. Man überquert den Steg und folgt den Pfadspuren um den halben See. Hier bietet sich eine prächtige Sicht über den tiefblauen Lagh da Saoseo mit der vergletscherten Palü-Gruppe im Hintergrund. Nicht umsonst gilt der See als Perle unter den Bergseen und lädt zum Verweilen ein.
Man setzt die Wanderung fort und steigt zum Lagh da Scispadus auf. Oberhalb dieses länglichen Sees stösst man auf den Weg, dem man aufwärts zum ***Lagh da Val Viola*** folgt (Rundweg; Pass da Val Viola–Lagh da Val Viola 2h15). Ausgedehnte Arvenbestände sind ein Kennzeichen des idyllischen Bergtales. Der Lagh da Val Viola ist der grösste See im Val da Camp. Er liegt an der Baumgrenze mitten im eindrücklichen Schuttkegel des prähistorischen Bergsturzes, der sich von der Scima da Saoseo löste und das reizende Bergtal schuf. In seinem klaren Wasser spiegelt sich di Palü-Gruppe mit dem Gletscher – ein reizendes Fotomotiv.

Viele Möglichkeiten gibt es, an einem munteren Bergbach entlangzuwandern.

Rundweg; Pass da Val Viola–Lagh da Val Viola (2h15). Als Rückweg kann man die gleiche Route nehmen oder die weiteren Möglichkeiten benützen; Camp–Lungacqua–Sfazù (2h20), Lagh da Val Viola–Saoseo (1h15), Saoseo–Terzana–Sfazù (45 min).

50 Die prächtige Aussicht geniessen

5h30 Sfazù–Terzana–Aurafreida–Urezza–S. Carlo–Poschiavo

Ausgedehnte Höhenwanderung von dem vorderen Val da Camp, über den herrlichen Aussichtspunkt Aurafreida, hinunter in die Talsohle nach Poschiavo.

Von ***Sfazù*** führt eine Naturstrasse (Fahrverbot, nur Zubringer gestattet) ins Val da Camp. Nach der ersten Steigung erreicht man Buril. Die nächste Siedlung am Wege heisst Salva.

Hinten riegelt der Ausläufer eines gewaltigen Bergsturzes das Tal ab. Durch dieses Naturereignis wurde eine romantische Landschaft mit vielen Bergseen geschaffen. Das Val da Camp gilt als eines der schönsten und abwechslungsreichsten Alpentäler. Man wandert auf der Strasse ins Tal hinein, bis man nach der ersten Stufe Mottacalva erreicht. Bei Mottacalva verlässt man die Strasse und wandert über die Ebene nach ***Terzana*** hinüber. Sobald der Campobach überschritten ist, folgt man dem markierten Pfad nach rechts um die Häuser herum. Er mündet in einen aufwärts führenden alten Weg ein, den man benützt. Im Wald wurden einige Kehren angelegt, um das steile Gelände leichter überwinden zu können. Nun trennen sich die Routen, links ins Val da Camp und aufwärts gegen Aurafreida. Wir benützen den Pfad, der teilweise recht steil zum Plan da San Franzesch hinaufführt. Sobald man die Waldgrenze erreicht hat, öffnet sich ein sumpfiges weitläufiges Hochplateau.

Das Klima des Puschlavs wird durch die südalpine Lage bestimmt. Es ist ein Übergang vom kontinentalen Klima des Engadins zum milden (insubrischen) Klima des Veltlins. Die Niederschläge sind eher gering, und die relative Luftfeuchtigkeit ist niedrig. Dadurch ist das Puschlav fast nebelfrei. In der Talsohle herrschen zwei Winde in der Längsrichtung. Der Nordwind (vent), eine besonders charakteristische Erscheinung der südlichen Quertäler, kann hier sehr heftig werden. Er bewirkt ein starkes Absinken der Luftfeuchtigkeit. Das schöne und stabile Sommerwetter ist gekennzeichnet durch eine milde Luftströmung (aria) von Süden her am Tage und einen frischen Luftstrom (saregna) von Norden her in der Nacht. Auf dem Berninapass beträgt die durchschnittliche jährliche Niederschlagsmenge 1760 mm. Sie nimmt gegen Süden rasch ab; in Poschiavo sind es 1110 mm und in Campocologno nur noch 925 mm.

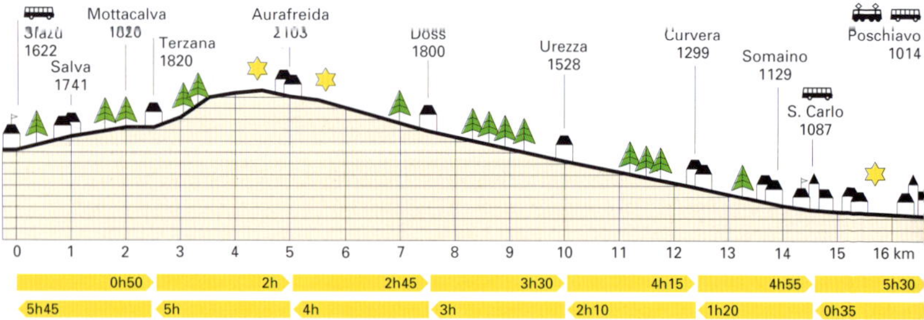

Vielleicht wird der Wanderer durch das Auffliegen eines stolzen Birkhahns mit seinem leierförmigen Schwanz oder einer weniger auffälligen Birkhenne erschreckt. Hier am Rande des Hochmoores gegen das Val da Camp findet das sonst eher seltene Birkwild ihm zusagende Lebensbedingungen. Dem Hochmoor entlang sind nur Pfadspuren vorhanden, doch bald trifft man auf einen schönen Weg und folgt ihm bis ***Aurafreida.*** Aurafreida gilt als einer der schönsten Aussichtspunkte im Puschlav. Der Blick reicht von der Talsohle bei Poschiavo bis zum Berninapass, und alles wird überragt von der Palü-Gruppe mit dem gleissenden Gletscher.

Von Aurafreida führt eine schöne Naturstrasse ins Tal hinab. Dieser folgt man über ***Doss*** (Pozzulasc 1h), die Maiensässe von ***Urezza, Curvera*** und den Weiler Somaino nach S. Carlo hinunter. Oberhalb Urezza, am Südfuss der dominierenden Felswand vom Piz Sena, befindet sich ein Steinbruch, in welchem der rote Puschlaver Marmor abgebaut wird. Leider sind nur relativ kleine Stücke vorhanden, was die kommerzielle Verwertung erschwert. Die Stücke werden mit weissem Zement gebunden, zu Blöcken gepresst und zu Wand- und Bodenplatten verarbeitet. Man wandert durch den Weiler Somaino hindurch und erreicht ***S. Carlo.*** In der Kirche von S. Carlo sind sehenswerte Wandmalereien, und in der Passionskapelle werden diese durch schöne Holzfiguren ergänzt. Man geht im Dorf bis zur Banca Raiffeisen. Bei der Tankstelle biegt ein Weg ab, der über Privilasco und Martin nach Poschiavo führt. Auf diesem Weg sind viele alte Bauernhäuser und reizende Winkel zu entdecken. Man folgt dieser Strasse nach ***Poschiavo,*** wo sie in die Umfahrungsstrasse einmündet. Dem Fluss Poschiavino entlang geht man bis zum ehemaligen Kino Rio und biegt rechts zum Bahnhof ab.

Ein stäubender Wasserfall beherrscht unterhalb von Aurafreida die Szenerie. Über eine mächtige Felswand stürzt das vom Lagh dal Teo abfliessende Wasser in die Tiefe.

Gasthäuser unterwegs
Hotel Zarera, Sfazù, 7742 Sfazù,
Tel. 081 844 12 82
Ristorante Sfazù, 7741 S. Carlo,
Tel. 081 844 03 15
Ristorante Pozzolascio, 7741 S. Carlo,
Tel. 081 844 02 39
7741 S. Carlo: 2 Gaststätten
Informationsstelle: Tourismusverein Valposchiavo, 7742 Poschiavo,
Tel. 081 844 05 71
7742 Poschiavo: 12 Gaststätten

Von der Berninabahn aus: Routen 51–53

Das Dorfbild von S. Carlo wird von der Nordseite durch seine malerische Kirche beherrscht. Der enge Durchgang des ehemaligen Pfarrhauses bildet das Nadelöhr der Berninastrasse.

51 Rauschende Wälder, grüne Wiesen und wilde Bäche als Begleiter

6h Alp Grüm–Cavaglia–Varuna–Braita–Val–Selva–Punt–Val Pedenal–Poschiavo

Auf der rechten Talseite wurde durch den Höhenweg von Alp Grüm über Selva nach Poschiavo ein weitläufiges sehr abwechslungsreiches Wandergebiet erschlossen. Die wellig verlaufende Route führt durch schattenspendende Wälder, verläuft über blumenreiche Wiesen und Weiden und führt an zahlreichen Häusergruppen und Maiensässen vorbei. Die Wege und Pfade eröffnen dem Wanderer viele schöne Aussichten in die Talsohle und die umliegenden Berge. Hartbelag gibt es unterhalb von Selva und in der Talsohle.

Ausgangspunkt der Wanderung ist die RhB-Station ***Alp Grüm.*** Der Abstieg nach Cavaglia beginnt 30 m südlich des Bahnhofgebäudes. Der Weg verläuft unterhalb der Station durch lichten Wald. Zwischen den alten Wetterlärchen hat man eine schöne Sicht zum Lagh da Palü und zum Palügletscher. Die Bahnlinie wird zweimal überquert, und auf einem schönen Weg gelangt man über La Dota nach Cavaglia hinab. Vom Dorf ***Cavaglia*** geht man den Weg durch die Ebene talauswärts, bis kurz vor der RhB-Haltestelle die Route nach rechts abzweigt (Cadera–Poschiavo 1h45). Die Wanderung führt über die Wiesen nach Cavagliola hinüber. Im Unterholz des Lärchenwaldes findet man den seltenen Siebenstern und das wohlriechende Nordische Moosglöckchen. Von Cavagliola

EIN UNWETTER UND SEINE FOLGEN. Das Puschlav wurde im Juli 1987 von einem verheerenden Unwetter heimgesucht. Besonders der Hauptort Poschiavo wurde davon stark betroffen. Da das Bachbett mit Schlamm. Steinen und mitgerissenen Bäumen verstopft war, ergossen sich die Wassermassen während rund 30 Stunden durch die Ortschaft. Unter Mithilfe vieler Freiwilliger, des Militärs und von Rekrutenschulen konnte der ganze Dreck relativ rasch entfernt werden. Aus dem Val Varuna sind rund 200 000 m³ Schlamm, Erde und Geröll in die Talsohle gelangt. Über 500 Gebäude erlitten Schäden und rund 150 Autos mussten ersetzt werden. Der materielle Schaden hat 100 Millionen Franken überschritten. Wer heute durch Poschiavo schlendert, findet nicht mehr viele Spuren. Die Strassen, Plätze, Häuser und Geschäfte sind renoviert, und Leben pulsiert durch die malerischen Gassen.

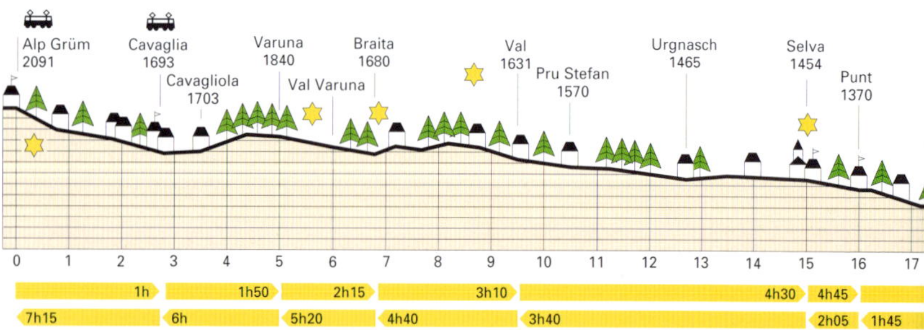

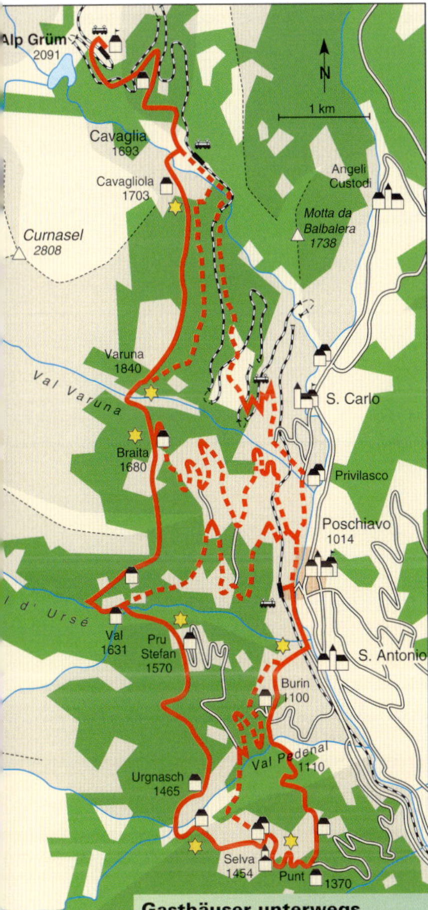

Gasthäuser unterwegs
Restaurant Belvedere, 7710 Alp Grüm, Tel. 081 844 03 14
Bahnhofbuffet, 7710 Alp Grüm, Tel. 081 844 03 18
Buffet Casa Stazione, Cavaglia, 7742 Poschiavo, Tel. 081 844 01 94
Pizzeria Selva, 7745 Li Curt, Tel. 081 844 07 46
Ristorante Madreda, Selva, 7742 Poschiavo, Tel. 081 844 04 78
7742 Poschiavo: 12 Gaststätten
Informationsstelle: Tourismusverein Valposchiavo, 7742 Poschiavo, Tel. 081 844 05 71

zieht sich ein steiler Weg durch Wald mit vielen Alpenrosensträuchern aufwärts. Nach 20 Min. ist die Höhe erreicht, und auf einem wellig verlaufenden Pfad gelangt man nach ***Varuna.***

Wer den steilen Aufstieg nach Varuna vermeiden möchte, kann der Fahrstrasse folgen. Diese führt an der RhB-Station Cavaglia vorbei gegen Puntalta. Kurz bevor sich das Tal verengt, zweigt die Strasse rechts ab. Man folgt ihr und kommt nach ca. 30 Min. zur Strasse, die zur Alp Varuna hinaufführt.

Von Varuna folgt der Höhenweg der Naturstrasse abwärts über das Val Varuna bis zur Kehre bei Braita. Kurz vor dem Val Varuna mündet die von Cavaglia kommende Strasse ein. Das Val Varuna war 1987 Auslöser einer Unwetterkatastrophe, welche insbesondere für die Ortschaft Poschiavo verheerende Folgen hatte. Mit vielen Verbauungen wurde der eindrückliche Tobel gesichert. Man wandert auf der Strasse, die durch den unstabilen Hang führt und teilweise auf Pfählen abgestützt ist, bis ***Braita*** (Vederscion–Poschiavo 1h30). Bei Braita verlässt man die Strasse und steigt zum Maiensäss empor. Es folgt ein ebener Feldweg, ehe man auf der Strasse Richtung Somdoss aufwärts geht. Nach ca. 500 m beginnt auf der linken Strassenseite ein Pfad, der durch Fichtenwald über die Maiensässe Li Bigori und Pradel ins Val d'Ursé nach ***Val*** hinunterführt (Campel–Poschiavo 1h45).

In Val überschreitet man den Ursébach und folgt der Strasse aufwärts. Nach rund 200 m biegt links ein Weg ab, dem man bis zum Maiensäss Pru Stefan folgt, einem sehr schönen Aussichtspunkt auf das mittlere Puschlav. Kurz nach dem Haus verlässt man die Strasse und wählt den Wanderweg, der nach rechts in das wilde und romantische Val da Guli führt. Die mächtige Schlucht wird überquert, und man wandert über den angenehmen Fussweg nach Urgnasch. Hinten im westlichen Talkessel liegt ein Serpentinsteinbruch. Der Serpentinstein wird in grossen Blöcken ins Tal hinabgebracht und beim Bahnhof von Poschiavo wei-

terverarbeitet. Es werden hauptsächlich Grabsteine, Wand- und Bodenplatten aus diesem schönen Stein hergestellt.
Von Urgnasch führt ein guter Weg durch den Kessel, um über Clef und Vamporti nach ***Selva*** zu gelangen (Bignideu–Poschiavo 1h15). Diese reizende Bergterrasse wird gerne besucht. Die beiden Kirchlein tragen das Ihrige zum idyllischen Charakter von Selva bei. Auf der Strasse wandert man weiter nach ***Punt*** oder benützt die markierten Abkürzungen. In der Kurve nach der Ebene bei Punt beginnt der Abstieg nach Poschiavo. Nach rund 10 Min. kommt man zu einem Maiensäss. Die Wanderung führt unterhalb des Hauses vorbei und über die Wiesen hinunter (bitte auf dem Weg bleiben). In der Talsohle dominieren die beiden Weiler Annunziata und Prada. Ein schöner Pfad durchzieht den dunklen Fichtenwald, ehe man beim Wasserlauf (Stützmauer der Bachverbauung) auf einen Waldweg stösst. Dieser zieht fast eben zur Alp Presa. Der Waldweg führt nun steil hinunter, bis in einer grossen

Kurve nach links die Wanderroute nach Poschiavo abzweigt. Man folgt dem schönen ebenen Waldweg ins ***Val Pedenal*** hinein. Hier befindet man sich in einer der überwältigendsten, wildesten und romantischsten Schluchten des Puschlavs. Hat man zwischen Urgnasch und Selva den Bach kaum beachtet, so beeindruckt er hier um so mehr. Die Unwetter von 1987 haben diese Szenerie noch wirkungsvoll verstärkt. Durch das Militär wurden damals die Brücken neu erstellt, so dass der Wanderer sicher auf die andere Seite gelangt. Ein schöner Weg führt durch Erlenwald am Maiensäss Burin vorbei und über Wiesen und Weiden in die Talsohle. Nachdem die Bahnlinie überschritten ist, folgt man der Strasse und erreicht ***Poschiavo.*** Wer zum Zug möchte, biegt beim Gemeindehaus links ab und erreicht nach wenigen Schritten den Bahnhof.

Selva, ein vielbesuchter Ausflugsort, liegt auf einer malerischen Bergterrasse oberhalb von Poschiavo. Erwähnenswert sind die beiden schlichten Bergkirchlein.

52 Das Wild mit dem Teleobjektiv «erlegen»

3h Cavaglia–Lagh da l'Ombra–Prairol–Puntalta–Cavaglia

Mitten durch das Jagdbanngebiet Campasc führt diese Bergwanderung. Trittsicheren Personen bietet diese Rundtour die Möglichkeit, das Gamswild an seinen bevorzugten Standorten zu beobachten.

Von der Bahnstation ***Cavaglia*** führt die Strasse zum Dorf. Beim Dorfplatz geht man geradeaus, links am grossen Gebäude vorbei und erreicht nach kurzem Aufstieg die Abzweigung nach Alp Grüm. Um ins Val da Pila zu gelangen, benützt man den gerade verlaufenden Weg. Man wandert immer parallel zum Bach bis kurz vor dem Viadukt der Bahn. Dort wird die Acqua da Pila überquert, und auf der linken Bachseite folgt man einem Pfad, der ins Val da Pila führt.
Es ist zu beachten, dass mit kleinen Ausnahmen die ganze Wanderroute innerhalb des Jagdbanngebietes Campasc verläuft und dass das Wild nicht unnötig gestört oder beunruhigt wird. Wenn man auf leisen Sohlen wandert, wird man sicher mit dem Feldstecher Wild entdecken oder mit dem Teleobjektiv ein gelungenes Bild machen können. Das Jagdbanngebiet Campasc umfasst den ganzen Bergrücken mit dem Piz Campasc und dem Corn da Prairol, vom Berninapass im Norden bis in die Talsohle bei S. Carlo im Süden, vom Val Laguné/La Rösa im Osten bis zum Val da Pila/Cavaglia im Westen.
Mitten im Val da Pila überquert man den Bach und findet ein kurzes Stück der alten Berninastrasse. Man erreicht nun ein kleine Ebene, und vielleicht bemerkt man bereits Wild, denn am Hang gegen den Piz Campasc weiden oft Gämse. Der Pfad zieht sich nun steil in die Höhe. Unterhalb einer mächtigen Felswand geht

DIE GÄMSE bewohnt in der Regel Alpweiden und Felsgebiete oberhalb der Waldgrenze. Im Sommer frisst sie Gras, Klee und vielerlei Kräuter. Im Winter bilden dürres Gras, Knospen, Moos und Flechten eine bescheidene Nahrungsgrundlage. Die Gämsen leben gesellig in Rudeln aus Geissen, Kitzen und Jungtieren. Nur während der Brunftzeit stossen die Gamsböcke dazu. Wer sich einem Gamsrudel nähern will, muss den Gegenwind ausnützen und sich ruhig verhalten. Gämse wittern den Menschen auf grosse Distanzen und nehmen Bewegungen auf beträchtliche Entfernungen wahr. Mit ihrem charakteristischen Pfiff melden sie die Gefahr und flüchten.

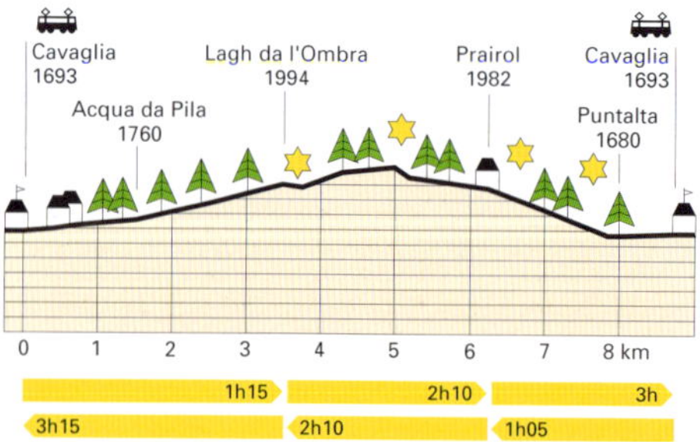

Gasthäuser unterwegs
Buffet Casa Stazione, Cavaglia,
7742 Poschiavo, Tel. 081 844 01 94
Restaurant Belvedere,
7710 Alp Grüm, Tel. 081 844 03 14
Bahnhofbuffet,
7710 Alp Grüm, Tel. 081 844 03 18

nach links eine Wegspur in Richtung Alp Grüm. Die Wanderroute führt jedoch rechts, direkt unter der Felswand entlang gegen Norden in die Höhe. Am Scheitelpunkt steigt man zu der kleinen Ebene hinab, überquert diese in nördlicher Richtung und geht zu den Lärchenbäumen hinüber, die oberhalb des ***Lagh da l'Ombra*** stehen (Mot–Alp Grüm 1h30). Einen besseren und geschützteren Ort zur Beobachtung von Gämsen gibt es kaum. Der See wird durch eine gewaltige Felskuppe gestaut, die von Legföhren überwachsen ist. Diese kriechende Form der Bergföhre reicht über die Baumgrenze hinaus.
Nach einem kurzen Abstieg zum See geht es auf einem Pfad gegen den linken Berghang. Diesem Pfad folgt man über Plan Dosdé zur Alp Prairol. Achtung: Kurz nach dem Plan Dosdé gelangt man an einen mächtigen überhängenden Felskopf. Hier bietet sich eine grossartige Aussicht auf die Palü-Varuna-Gruppe, auf die vergletscherte Pyramide des Pizzo Scalino weiter südlich und auf die Talsohle von Cavaglia. Vorsicht ist geboten, nicht zu weit hinausgehen! Man folgt dem Pfad weiter abwärts und erreicht auf dem Bergrücken die Alp ***Prairol*** (Dava–Cavaglia 45 min).

Bei Prairol wandert man zwischen den Häusern hindurch und erreicht eine Anhöhe, die einen überwältigenden Rundblick freigibt. Die Wanderung wird über die Kuppe gegen Süden fortgesetzt. Im Wald stösst man auf den alten Alpweg, der heute nur noch als Fussweg benützt wird. Nach einem kurzweiligen Abstieg kommt man an eine grosse Felswand, auf der die Spuren der Gletscherarbeit gut sichtbar sind. Unterhalb dieser Felswand biegt der Weg nach rechts ab. Rechts ist ein kleiner, mit Riedgräsern bewachsener Tümpel, der im Volksmund «Poz da l'urs» = Bärenteich heisst. Auf diesem abwärts ziehenden Weg ist nach einiger Zeit grosse Vorsicht geboten. Man wandert nahe an einer Felswand vorbei; 250 m tiefer liegt die Alp Möglia. In der Felswand von Asciali hat ein Adlerpaar seinen Horst, der jedes Jahr in eine andere Nische gelegt wird. Über eine geschliffene, mit Grasbändern durchzogene Felsenkuppe geht es weiter abwärts. Hier haben Puschlaver Bergfreunde einen Klettergarten angelegt. Nach einem kurzen, steilen Abstieg ist die Strasse erreicht. Einen interessanten Einblick in das Schaffen der mahlenden und schleifenden Wassermassen bietet die Schlucht des Cavagliasco bei Puntalta. Selbst der härteste Felsen hat gegen diese unbändige Kraft keine Chance und wird unerbittlich ausgehöhlt. Nachdem das Bahngeleise überschritten ist, wandert man durch die Ebene zur RhB-Station ***Cavaglia*** zurück.

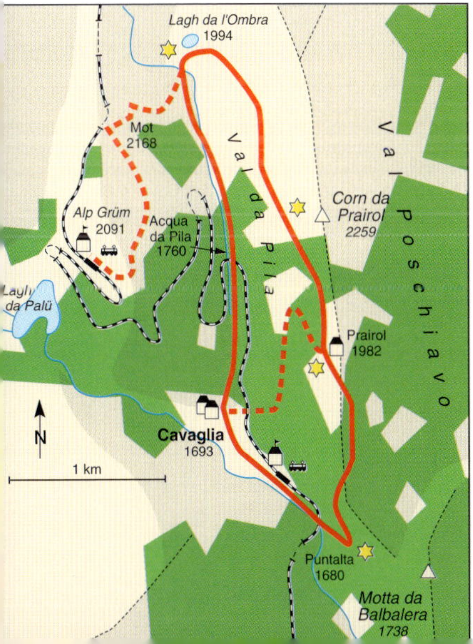

Das Wildschutzgebiet im Val da Pila eignet sich ausgezeichnet zur Beobachtung von Gämse und anderen Tieren. Voraussetzung ist, dass man sich ruhig verhält und gegen den Wind geht.

53 Die Spuren der Gletscherarbeit sind sichtbar

2h45 Cavaglia–Puntalta–La Scera–Angeli Custodi–S. Carlo–Poschiavo

Erlebnisreiche, wenig begangene Wanderung in die Talsohle. Die tiefeingeschnittene Schlucht bei Puntalta birgt viele Geheimnisse und lässt den Wanderer die unbändige Kraft des Wassers erahnen.

Von der RhB-Station ***Cavaglia*** wandert man auf dem Weg gegen den Talausgang nach Puntalta (Cadera–Poschiavo 1h35). Kurz vor Puntalta zweigt rechts eine Strasse ab; über diese kann, als Variante, nach Poschiavo gewandert werden (Val Varuna–Vederscion–Poschiavo 2h40).

Das Wasser hat hier im Laufe der Jahrhunderte einen prächtigen, tiefen Durchgang geschaffen. Das Wort Cavaglia wird abgeleitet von cavare = graben. Auf der Felsschwelle, die den Talkessel von Cavaglia abschliesst, sind unter den niederliegenden Legföhren zahlreiche Gletschermühlen verborgen. Einige sind sichtbar, jedoch mit Wasser, Moor und vermodernden Pflanzenteile gefüllt. Man hat damit begonnen, diese Gletschermühlen freizulegen und sie dem Publikum zugänglich zu machen. Eindrückliche Grabspuren des Wassers sind

GLETSCHERMÜHLEN. In der Eiszeit waren das Engadin und das Puschlav zum Teil mit sehr dicken Eisschichten bedeckt. Die zurückweichenden Gletscher und das abschmelzende Wasser haben die Landschaft nachhaltig geformt und gestaltet. Gletschermühlen sind Zeugen der unermüdlichen Arbeit des Wassers, welches durch Gletscherspalten in die Tiefe stürzte und Steine in Rotation versetzte. Diese Felsbrocken haben wie Mühlsteine im Wirbel des Wassers die Gletschermühlen in den harten, felsigen Untergrund geschliffen.

SAGE VON PUNTALTA. Einst zog eine Zigeunerbande vom Bernina über Cavaglia ins Puschlav hinunter. Die Zigeuner führten die steinalte, gebrechliche, blinde Zigeunermutter und Älteste des Stammes mit sich. Sie war ihnen schon lange lästig. Als sie bei der Brücke von Puntalta ankamen und in die Strudel und das tosende Gewässer sahen, fassten sie einen teuflischen Plan. Sie stiessen die alte Frau von der Brücke in den Schlund hinab und riefen ihr nach: «Fahr wohl, Mütterli!» Die Bande zog fröhlich weiter. Das Volk aber sagte, der Bach schäme sich dieser Untat und getraue sich nicht mehr, ans Tageslicht zu treten.

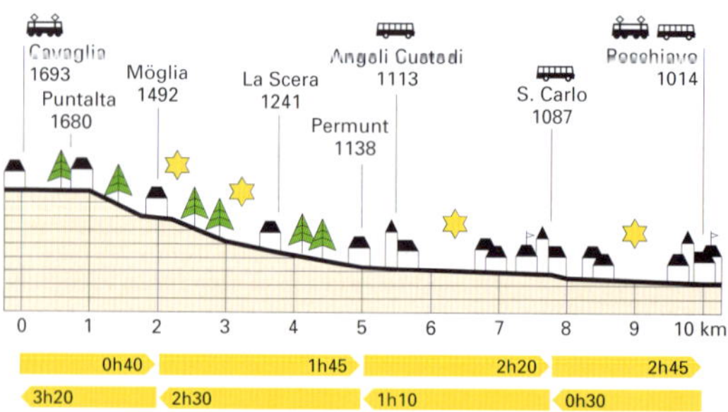

auch im Bachbett und besonders in der tiefeingeschnittenen Schlucht zu sehen. Das Wasser wird heute durch die Kraftwerke Brusio bei Puntalta gefasst und in der Zentrale Robbia zur Erzeugung von elektrischer Energie genutzt.

Von Puntalta nimmt man den Weg, der über die Schlucht gegen Osten führt und beim Wasserschloss der Kraftwerke endet. Man geht noch zirka 200 m den beiden Druckrohren entlang, ehe die Wanderroute nach links abbiegt (unbedingt die Markierung beachten und ihr folgen, denn die Druckleitung geht später in einen Stollen und der Weg verliert sich in den steil abfallenden Felsen). Bei der Abzweigung muss man unter den beiden Rohren durch. Im Wald senkt sich der Pfad recht steil zur Alp ***Möglia*** hinab, führt an den Gebäuden vorbei und stösst am Wiesenrand auf einen Waldweg. Diesem folgt man, bis er oberhalb der Alp La Scera in die Strasse einmündet. Auf der Wanderung hat man immer wieder schöne Ausblicke gegen die Berninastrasse und die gegenüberliegende Bergflanke, die vom leuchtenden Piz Sassalb dominiert wird. Die Alp La Scera liegt in einer schönen Mulde, die sich unterhalb der mächtigen Felswand von Asciali gebildet hat. Da die ganze Zone im Jagdbanngebiet Campasc liegt, kann der vorsichtige und ruhige Wanderer immer wieder Tiere antreffen und beobachten. Vielleicht zieht auch der Adler seine Kreise hoch oben und beobachtet mit seinen scharfen Augen jede Bewegung am Boden. Man geht auf der Strasse an La Scera vorbei nach ***Permunt*** hinunter. In der Talsohle wandert man auf der geteerten Strasse über Angeli Custodi (deutsch: Schutzengel) weiter talauswärts über Raviscé nach ***S. Carlo.*** Rechts am Berghang sind die beiden Rohre der Druckleitung sichtbar, die man nach Puntalta kreuzte. Sie münden in die Zentrale Robbia ein, wo über die Turbinen und die Generatoren die Kraft des Wassers zur Erzeugung von Strom genutzt wird. In Robbia ist das Kommandozentrum der Kraftwerke Brusio, d. h. alle Kraftwerke und Anlagen im Puschlav und Oberengadin werden von hier aus fernbedient. Die Hochspannungsleitung ist in das europäische Verbundnetz eingebunden.

In der Kirche von S. Carlo befinden sich sehenswerte Wandmalereien, die in der Passionskapelle mit schönen Holzfiguren ergänzt sind. Man geht im Dorf bis zur Banca Raiffeisen weiter. Vor der Tankstelle biegt rechts ein Weg ab, der über Privilasco und Martin nach ***Poschiavo*** führt. Auf diesem Weg sind viele alte Bauernhäuser und reizende Winkel zu entdecken. Man folgt dieser Strasse nach Poschiavo, wo sie in die Umfahrungsstrasse einmündet. Dem Fluss Poschiavino entlang geht man bis zum ehemaligen Kino Rio und biegt rechts zum Bahnhof ab.

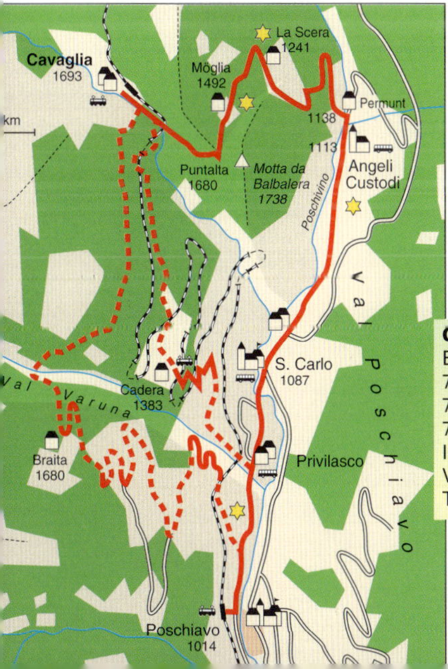

Gasthäuser unterwegs
Buffet Casa Stazione, Cavaglia,
7742 Poschiavo, Tel. 081 844 01 94
7741 S. Carlo: 2 Gaststätten
7742 Poschiavo: 12 Gaststätten
Informationsstelle: Tourismusverein
Valposchiavo, 7742 Poschiavo,
Tel. 081 844 05 71

Im Herzen des Puschlavs: Routen 54–56

Abendstimmung am Lago di Poschiavo bei Le Prese. Im Hintergrund leuchten das kleine Dörfchen Miralago und die Berge des Veltlins.

54 Im Kalkgestein wachsen seltene Alpenpflanzen

4h50 S. Carlo–Curvera–Cansumé-Gugliel–Cologna–Poschiavo

Empfehlenswerte, abwechslungsreiche Rundtour auf der linken Bergflanke.

Die Wanderung beginnt in der Dorfmitte von ***S. Carlo,*** südlich der Banca Raiffeisen. Man benützt die Abkürzung, die oberhalb vom Hotel Crameri beginnt und über Somaino hinaufführt. Hier trifft man auf die Strasse, der man über ***Curvera*** (Melera–Cologna–Poschiavo 2h20) nach Ursceleri folgt. Dabei bieten sich prächtige Aussichtspunkte in die Talsohle und zu den umliegenden Bergflanken. In der Kehre nach Ursceleri biegt rechts ein Weg ab. Diesem folgt man durch den Bosch d'Ain in südlicher Richtung und gelangt ins wilde Val Beton. Die mächtigen Bachverbauungen lassen erahnen, welche Naturkräfte hier wirken können. Nachdem der mit viel losem Geröll versehene Tobel überschritten ist, windet sich ein steiler Pfad aufwärts. Bald hat man die Höhe erreicht und stösst auf einen alten Waldweg, auf dem man nach ***Cansumé*** gelangt. Nun wandert man über die schöne Wiesenterrasse an den Häusern von Cansumé vorbei und trifft

AM FUSSE DES SASSALB wandert man durch ein Gebiet mit anstehendem Kalk. Deshalb ist die Flora besonders artenreich. Alle nachstehend erwähnten Pflanzen sind gesetzlich geschützt! In den Wiesen der Maiensässe wächst die Schwarzköpfige Orchis mit dunkelpurpurner Blütenähre. Auf wenig gedüngten Wiesen findet man die Paradieslilie, die weisse, trichterförmige Blüten besitzt. Die majestätischen Feuerlilien mit den grossen, leuchtendroten Blüten erheben sich an sonnigen Abhängen. Im Wald wächst eine der prächtigsten Orchideenarten, der Frauenschuh. Die zitronengelbe Lippe seiner Blüte ist bauchig aufgeblasen und hat Ähnlichkeit mit einem Schuh oder Pantoffel, daher sein Name. Der stattliche Gelbe Enzian, der über 1 m hoch wird, hat grosse elliptische Blätter und sternförmige, goldgelbe Blüten. Sein rübenartiger, bitter schmeckender Wurzelstock wurde zur Herstellung von Enzianschnaps verwendet. Durch sinnloses Ausgraben wurde diese Enzianart im Puschlav ausgerottet. Einige wenige Exemplare haben sich inzwischen wieder angesiedelt. Von den Ästen junger Fichten und Lärchen hängen die violetten bis hellblauen Blüten der Alpenrebe herab. Sie ist eine 1 bis 2 m hohe Schlingpflanze, die einzige Liane der Alpen.

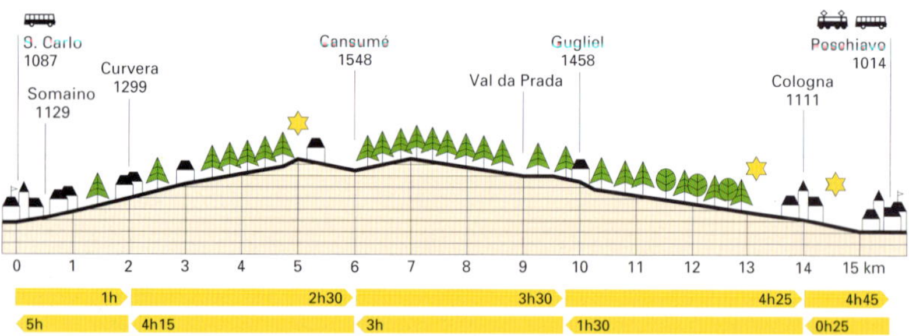

in die zur Alp Sassiglion hinaufziehende Strasse. Ihr folgt man rund 10 Min., ehe bei Stacca rechts die Route abzweigt. Ein sehr schöner Wanderweg führt durch ein interessantes Waldstück nach Gugliel hinab. Die mächtige Furchen des Val da Prada und des Valsela zeigen eindrückliches Wirken der Naturkräfte. Prächtige Aussichten bieten sich dem Wanderer in die Talsohle und den westlichen Berghang des Puschlavs. Die Struktur der Alpen und Maiensässe ist gut ersichtlich. Diese befinden sich meistens in Wiesen oder Weiden, die von Wäldern umrahmt sind. Während in tieferen Lagen der Fichtenwald vorherrscht, dominiert in der Höhe die Lärche. Bei ***Gugliel*** geht man zunächst abwärts, an dem Gebäude vorbei bis zur Kurve (Barghi–Le Prese 1h30), und folgt dem Weg in nördlicher Richtung nach Cologna hinab.

Die Fahrstrasse führt über viele Maiensässe, durch Weiden und Wälder. Die steinigen, mageren und südexponierten

Jeweils am 1. März wird nach alter Tradition von den Schülern von Poschiavo symbolisch der Winter verbrannt. Die älteren Schüler machen in 2–3 Gruppen je eine phantasievolle Puppe oder ein anderes aktuelles Objekt.

Hänge sind ideale Orte für den Haselstrauch. Oberhalb der Maiensässe und Weiden vermischt sich der Haselbusch mit den Fichten und Lärchen des Waldes. Es sind Lebensräume für vielerlei Wildtiere, besonders für Hasen und Füchse, aber auch eine sehr gute Weide für Ziegen. Tannenhäher, Eichhörnchen, Hasel- und Feldmäuse ernähren sich im Herbst von Haselnüssen und legen gutversteckte Wintervorräte an. Auf der Naturstrasse erreicht man ***Cologna*** und muss nun auf Hartbelag bis Poschiavo gehen. Nach dem Ospedale (Krankenhaus) wandert man durch die Via di Palaz zur Hauptstrasse. Die malerischen Häuser haben gepflegte, reich blühende Gärten. Sie wurden im letzten Jahrhundert gebaut und bilden einen schönen Dorfabschluss. Die Hauptstrasse benützt man gegen Norden, überquert den Poschiavino-Fluss und biegt beim ehemaligen Kino Rio links zum Bahnhof ***Poschiavo*** ein.

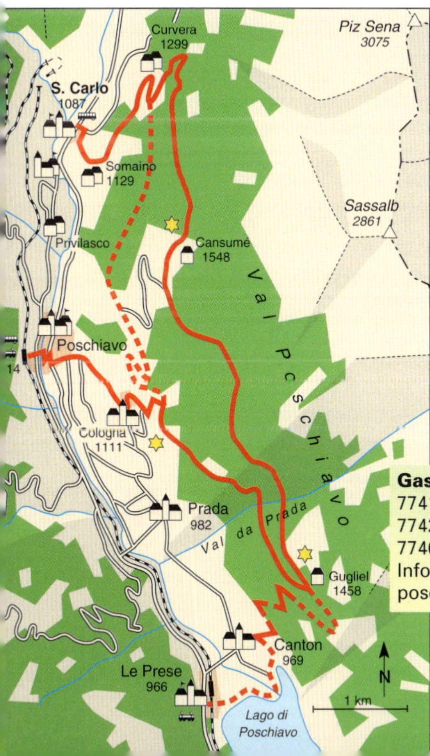

Gasthäuser unterwegs
7741 S. Carlo: 2 Gaststätten
7742 Poschiavo: 12 Gaststätten
7746 Le Prese: 6 Gaststätten
Informationsstelle: Tourismusverein Valposchiavo, 7742 Poschiavo, Tel. 081 844 05 71

55 Der hl. Romerius sitzt auf dem Logenplatz des Tales

6h45 Poschiavo–Cologna–Barghi–San Romerio–Frendül–Irola–Viano–Brusio

Eine ausserordentlich schöne, abwechslungsreiche Wanderung hoch über dem Puschlaversee. Die lange Tour stellt an die Wanderer höhere Anforderungen punkto Kondition und Ausdauer. Es ist die klassische Wanderroute im Puschlav. Von Cologna bis La Dogana wechseln Naturwege und Pfade ab, der Rest ist Hartbelag.

Vom Bahnhof ***Poschiavo*** geht man gegen das Dorf bis zum Fluss. Beim ehemaligen Kino Rio biegt man rechts ab, überquert den Poschiavino-Fluss und folgt der Berninastrasse bis zum Südende von Poschiavo. Hier mündet von links die Strasse Via di Palaz ein. Die malerischen Häuser haben gepflegte, reich blühende Gärten. Entlang dieser Strasse wandert man am Ospedale (Krankenhaus) vorbei zum Ortsteil ***Cologna*** hinauf. Man geht durch den Weiler hindurch und benützt oberhalb der Kirche die Güterstrasse, die aufwärts führt, bis zur ersten Kehre, rund 300 m nach dem letzten Haus. Hier biegt die Wanderroute südwärts ab. Man folgt der Naturstrasse in die Höhe, um über ***Barghi*** ins Val da Terman zu gelangen. Die Fahrstrasse vom Val da Cologna bis zum Eingang ins Val da Terman führt über viele Maiensässe, durch Weiden und Wälder. Auf diesem Weg hat man viele prächtige Aussichten. Der Piz Lagalb und der Piz Varuna sind markante Punkte im Norden. Das Bild der westlichen Talflanke, mit dem Pizzo Scalino und dem Piz Cancian, wird durch die vielen Maiensässe aufgelockert. Hoch

DIE ALP SAN ROMERIO gilt als klassisches Ausflugsziel im Puschlav. Auf einer schönen Terrasse liegen die Alpgebäude, und direkt am Abgrund thront das romantische, schlichte Kirchlein San Romerio. Es ist eines der ältesten Gotteshäuser im Puschlav. In alten Schriften wird es erstmals im Jahre 1055 erwähnt. Da die Talsohle zwischen Miralago und Le Prese früher nicht passierbar war, führte die alte Berninaroute über San Romerio, wo ein Hospiz eingerichtet war und die Durchreisenden verpflegt wurden. Von San Romerio aus hat man eine prächtige Rundsicht. Besonders der Tiefblick auf das untere Puschlav mit der Gemeinde Brusio ist eindrücklich. Zu beachten sind die Crotti, aus losen Steinen kunstvoll zusammengesetzte Keller. Sie dienen als Kühlschrank, hauptsächlich zur Lagerung von Milch und Käse.

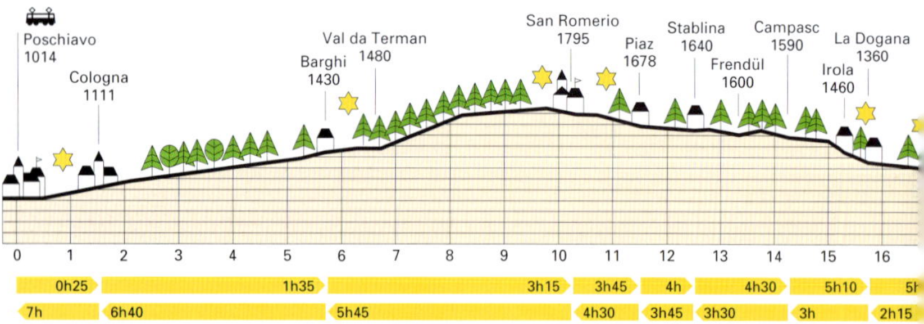

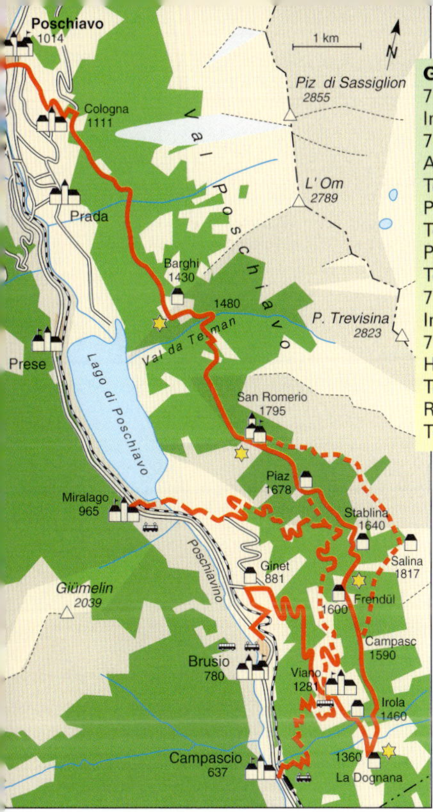

Gasthäuser unterwegs
7742 Poschiavo: 12 Gaststätten
Infostelle: Tourismusverein Valposchiavo, 7742 Poschiavo, Tel. 081 844 05 71
Alpe San Romerio, ⛟, 7743 Brusio, Tel. 081 846 54 50
Pensione Bottoni, ⛟, 7747 Viano, Tel. 081 846 54 83
Pensione Monigatti, ⛟, 7747 Viano, Tel. 081 846 51 78
7743 Brusio: 7 Gaststätten
Infostelle: Tourismusverein Valposchiavo, 7742 Poschiavo, Tel. 081 844 05 71
Hotel Miralago, Miralago, ⛟, 7743 Brusio, Tel. 081 839 20 00
Ristorante Saiento, 7748 Campascio, Tel. 081 846 56 46

über dem Puschlaversee erheben sich die Bergamasker Alpen und runden die Aussicht nach Süden ab. Das Val da Terman ist eine mächtige, wild zerklüftete Schlucht, die steil zum See abfällt. Über dem Bach beginnt ein Fussweg, der sich im Zickzack den Hang hinaufwindet. Nach etwa einer halben Stunde hat man die Höhe erreicht. Ein fast ebener Weg zieht sich hoch über dem Lago di Poschiavo zum Kirchlein ***San Romerio*** auf der gleichnamigen Alp hinüber. Jeweils am letzten Sonntag im Juli ist das Fest von San Romerio, das viele Teilnehmer anlockt. Die Kirche steht am Rande einer mächtigen Felswand, die einige hundert Meter senkrecht abfällt. Man hat hier eine prächtige Aussicht auf das untere Puschlav mit der Gemeinde Brusio und ihren Fraktionen. Auf der Alp sind die Crotti zu beachten, aus Steinplatten geschichtete, halbrunde Milch- und Käsekeller.

Von San Romerio führen zwei Wege nach Süden hinab. Gute Berggänger, die wenig begangene Pfade vorziehen, benützen den oberen Weg über die Alp Salina nach Viano (3h15). Die normale Wanderroute geht auf dem Alpweg zum Maiensäss ***Piaz*** hinab. Über diesen schmalen Weg mit seinen Steilstücken wird die Alp San Romerio mit Lebensmitteln, Getränken usw. versorgt. Bei Piaz kann der Wanderer wiederum wählen, welchen Weg er benützen möchte. Als Varianten bieten sich an: Zavena–Viano 1h20 oder Garbela–Miralago 2h.

Wir wählen die weniger bekannte Route über Frendül nach Viano. Sie ist länger,

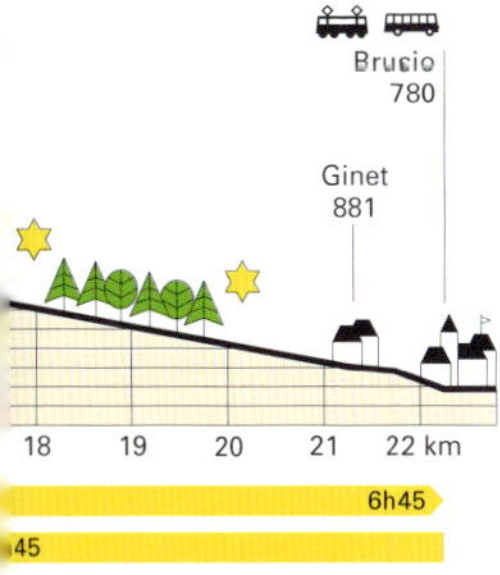

führt aber durch sehr interessantes Gebiet. Von Piaz benützt man die Naturstrasse, die leicht fallend nach ***Stablina*** führt. In der Kurve verlässt man diese Strasse und geht links aufwärts an den Häusern vorbei, bis zur nächsten Kehre. Hier biegt rechts ein Pfad ab. Nachdem der Wasserlauf überschritten ist, folgt man dem schönen, ebenen Weg in den nächsten Tobel hinein. Der Weg geht nun in einen Pfad über, der jeweils sehr rasch zuwächst. Nach einem schönen Waldstück gelangt man unvermittelt in eine Weide. Man steigt hier nicht ab, sondern folgt der Markierung, die auf einem Pfad oberhalb der Alp Frendül vorbeiführt. Bei Frendül hat man eine schöne Sicht zum Weiler Cavaione mit dem mächtigen Kessel des Val dal Saent auf der anderen Talseite und gegen die dominierende Bernina-Gruppe. Hinter der Alp stösst man in einen alten Alpweg, der im Wald aufwärts zieht. Nach einiger Zeit geht der Weg wieder in einen ebenen, nach Süden führenden Pfad über. Sobald man die Weide erreicht, trifft man auf den Alpweg, der von der Alp Salina herabkommt. Diesem folgt man bis zur Kurve, oberhalb der Alp ***Campasc.*** Hier beim kleinen Platz biegt gegen Süden ein Pfad ab und führt leicht wellig durch lichten Lärchenwald. Sobald der Pfad an den Waldrand kommt, überquert man den Alpweg und geht die steile Weide hinab. Über der Alp Irola öffnet sich eine schöne Sicht ins Veltlin, ein eindrückliches Panorama. Im Zickzack führt der Pfad steil hinab, bis man hinter der Alp Irola auf einen ebenen schmalen Pfad stösst. Diesem folgt man nach links über das Val Irola nach ***La Dogana*** hinab. Auf der geteerten Strasse geht man nordwärts und erreicht ***Viano*** (Raulö–Campascio 1h45). Man durchwandert Viano und folgt der Strasse nach Brusio abwärts. Hatte man vor Viano noch einen sehr schönen Blick gegen Süden, wird man nun von dem eindrücklichen Bild nach Norden überrascht. Die Bernina-Gruppe zeigt sich in der vollen Grösse und in der Tiefe leuchtet der Puschlaversee herauf. Weit oben auf der mächtigen Felswand wird die

schlichte Kirche von San Romerio sichtbar, welch ein Kontrast! Die Strasse verläuft teilweise im schattigen und kühlenden Wald und gibt immer wieder wunderbare Blicke frei. Eindrücklich ist auch das Bild über das Dorf Brusio mit seinem

berühmten Kreisviadukt der Berninabahn. Die prähistorischen Bergsturzmasse bei Miralago liegt hier voll ausgebreitet und zeigt ihre Mächtigkeit. Bei Ginet wählt man die Abkürzung über I Prai zur RhB-Station ***Brusio*** hinunter.

Auf einer schönen, aussichtsreichen Terrasse hoch über dem Puschlaversee liegt die Alp San Romerio mit ihrer malerischen Kirche.

56 Durch malerische Ortschaften und dem Ufer entlangwandern

2h15 Poschiavo–Cologna–Prada–Canton–Miralago

Auf einer leichten Wanderung geht man in der Talsohle auf Entdeckungsreise oder schlendert gemütlich dem Puschlaversee entlang.

Vom Bahnhof ***Poschiavo*** geht man gegen das Dorf bis zum Fluss. Beim ehemaligen Kino Rio biegt man rechts ab, überquert den Poschiavino-Fluss und folgt der Berninastrasse bis zum Südende von Poschiavo. Hier mündet von links die Strasse Via di Palaz ein (Annunziata–Le Prese 1h). Die malerischen Häuser aus dem 19. Jh. haben gepflegte, reich blühende Gärten. Entlang dieser Strasse wandert man am Ospedale (Krankenhaus) vorbei zum Ortsteil ***Cologna*** hinauf. Dabei bietet sich ein sehr schöner Blick über das Borgo von Poschiavo mit seinen Steindächern und markanten Kirchtürmen. Vielleicht schlängelt sich gerade der Bernina-Express den Hang hinauf. Mitten im Weiler, beim Dorfbrunnen, zweigt die Route nach rechts ab. Man folgt der Strasse, die über Alt (Höhe) nach ***Prada*** hinunterführt. Nun öffnet sich eine gute Sicht über den Puschlaversee, der im Süden durch den prähistorischen Bergsturz gestaut ist. Das Veltlin mit den Bergamasker Alpen rundet das Bild ab. Bis ins

LAGO DI POSCHIAVO. Die Talsohle zwischen Le Prese und Poschiavo entstand durch einen prähistorischen Bergsturz bei Miralago. Bei diesem Fallsturz von der rechten Talseite löste sich schlagartig eine Masse von über 200 Millionen Kubikmeter vom Giümelin (2039 m). Das Tal wurde verschüttet, Fels und Geröll brandeten gegen die östliche Talflanke. Der Fluss wurde zu einem See gestaut, der einst bis hinter Angeli Custodi reichte. Erdrutsche und Wuhrgänge von beiden Seiten füllten über Jahrtausende die Talsohle langsam auf. Als sich der Fluss bei Miralago den Durchgang erkämpft hatte und sich das Wasser auf die heutige Höhe einpendelte, war die prächtige Talstufe des mittleren Puschlav geschaffen.
Der Lago di Poschiavo hat eine Tiefe von 85 m und ist mit über 110 Millionen Kubikmeter Inhalt einer der grössten Seen in Graubünden. Die Kraftwerke Brusio können vom Seeinhalt 15 Millionen Kubikmeter ausnützen. Das Wasser wird in Miralago gefasst, in einem Stollen nach Monte Scala geleitet und im Kraftwerk Campocologno zur Erzeugung von elektrischer Energie verwendet. Ein Kubikmeter Wasser aus dem Puschlaversee ergibt eine kWh Strom.

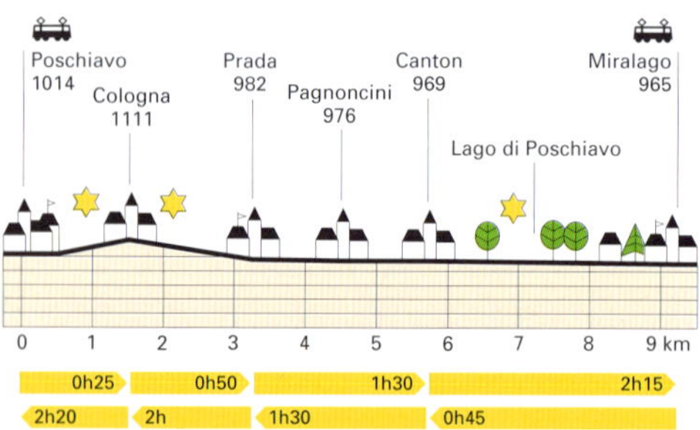

17. Jh. wohnten, nach der Überlieferung, auf dieser Anhöhe 47 Familien. Durch die damals ausgebrochene Pest seien die meisten gestorben. Eine alte Schrift besagt unter anderem, dass im Puschlav 1200 Menschen der Seuche zum Opfer gefallen sind, darunter drei Geistliche, fünf Podestaten und fast die ganze Obrigkeit sanken ins Grab. Eine Brandkatastrophe vernichtete am 28. März 1796 in Prada 28 Gebäude.

Von der Kirche wandert man gegen Süden durch das Dorf. Dabei gilt es die vielen malerischen alten Häuser, Winkel, Fenstergitter usw. zu beachten. Über die offene Talebene folgt man der Strasse am Weiler Pagnoncini vorbei, bis zur Wegkreuzung auf der Höhe von Le Prese. Hier biegt man links ab und geht zum Weiler ***Canton*** hinüber, der sich an den Fuss des Berges anschmiegt. Das schmale Strässchen, das durch die Häusergruppe hindurchführt, diente früher den Fahrlehrern, um das Können der angehenden Automobilisten zu testen. Auf Schustersrappen ist dies viel angenehmer, und man kann sich den schönen Details an den Häusern widmen. Schon gleich ist man am Puschlaversee und kann nun ohne Asphalt gehen (Le Prese 20 min). Eine herrliche Wanderung auf der linken Seite des Lago di Poschiavo führt nach ***Miralago.*** Der schöne Spazierweg wurde durch die Kraftwerke Brusio erstellt, als man die Hochspannungsleitung baute. Die eindrücklichen Felsköpfe boten früher unpassierbare Hindernisse. Erst durch die beiden Stollen wurde der Rundweg um den See möglich.

Der Puschlaversee in der heutigen Form entstand durch einen prähistorischen Bergsturz. Die Landschaft wird durch diesen See geprägt, und es verwundert nicht, dass die Wiege des Tourismus im Tale in Le Prese steht. Im Jahre 1857 wurde die Kuranstalt Le Prese eröffnet, heute ist es ein Hotelbetrieb. Vom südlichen Puschlaversee bieten sich dem Betrachter herrliche Aussichten zur vergletscherten Bernina-Gruppe. Miralago ist nicht nur Grenze zwischen den beiden Gemeinden Poschiavo und Brusio, sondern auch eine wichtige Klimascheide. Hier stösst das milde Klima des Veltlins mit den rauhen Winden des Engadins zusammen.

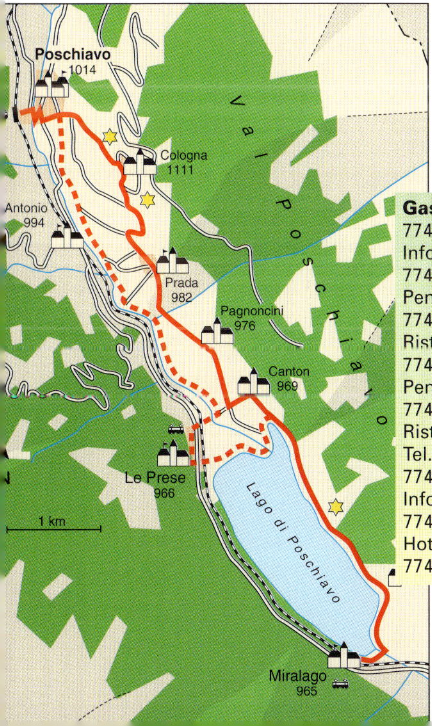

Gasthäuser unterwegs
7742 Poschiavo: 12 Gaststätten
Infostelle: Tourismusverein Valposchiavo, 7742 Poschiavo, Tel. 081 844 05 71
Pensione Capelli, Prada, 🛏, 7745 Li Curt, Tel. 081 844 01 92
Ristorante Scalino, S. Antonio, 7745 Li Curt, Tel. 081 844 02 67
Pensione Apollo 12, S. Antonio, 🛏, 7745 Li Curt, Tel. 081 844 15 03
Ristorante Costa, Annunziata, 7745 Li Curt, Tel. 081 844 02 50
7746 Le Prese: 6 Gaststätten
Infostelle: Tourismusverein Valposchiavo, 7742 Poschiavo, Tel. 081 844 05 71
Hotel Miralago, Miralago, 🛏, 7743 Brusio, Tel. 081 839 20 00

Brusio ist bei vielen Eisenbahnfans durch den Kreisviadukt der Rhätischen Bahn ein Begriff. Bei einer vollen Drehung wird hier ein beträchtlicher Höhenunterschied überwunden. In der Gemeinde Brusio sind verschiedene Weinproduzenten und -händler ansässig, die den bekannten Veltlinerwein vermarkten.

57 Von der Wiege des Tourismus in den sonnigen Süden

3h30 Le Prese–Caneu–Miralago–Brusio–Zalende–Campocologno

Herrliche, leichte und abwechslungsreiche Wanderung in der Talsohle vom Puschlaversee zu den Kastanienhainen an der Landesgranze.

Die Wanderung beginnt bei der RhB-Station ***Le Prese.*** Man geht über den Parkplatz und stösst hinter dem Schwimmbad auf einen angenehmen Spazierweg, der am Nordufer des Puschlaversees entlangführt. Diesem Weg folgt man bis zum Fluss und überquert diesen. Am linken Flussufer geht man ein kurzes Stück aufwärts, um das Kieswerk herum und kommt zur Strasse. Nun wandert man zum östlichen Berghang, an dessen Fuss sich der malerische Weiler ***Canton*** anschmiegt. Von hier führt ein herrlicher Wanderweg auf der linken Seite des Lago di Poschiavo über Caneu (Garbela–Brusio 1h45) nach ***Miralago*** (Rundweg nach Le Prese 45 min). Der schöne Wanderweg wurde durch die Kraftwerke erstellt, als man die Hochspannungsleitung baute. Die eindrücklichen Felsköpfe boten früher unpassierbare Hindernisse. Erst durch die beiden Stollen wurde der Rundweg um den See möglich.

Der Puschlaversee in der heutigen Form entstand durch einen prähistorischen Bergsturz. Die Landschaft wird durch diesen See geprägt, und es verwundert nicht, dass die Wiege des Tourismus im Tale in Le Prese steht. Im Jahre 1857 wurde die Kuranstalt Le Prese eröffnet, heute ist es ein Hotelbetrieb. Vom südlichen Puschlaversee bieten sich dem Betrachter herrliche Aussichten zur vergletscherten Bernina-Gruppe, die vom mächtigen Piz Varuna dominiert wird. Miralago ist nicht nur Grenze zwischen den beiden Gemeinden Poschiavo und Brusio, sondern auch eine wichtige Klimascheide. Hier stösst das milde Klima des Veltlins mit den rauhen Winden des Engadins zusammen.

In Miralago geht man an der Kirche vorbei aufwärts. Nach der Unterführung zweigt die Route links ab und führt über die Stützmauer der Berninastrasse südwärts. Dabei bietet sich eine sehr schöne

DER EDELKASTANIENBAUM bildet schöne Haine und prägt das Landschaftsbild von Brusio abwärts. Die Kastanie blüht Ende Juni. Männliche und weibliche Blüten findet man getrennt auf demselben Baum. Die männlichen sind lange gelbe Kätzchen und fallen nach der Blütezeit ab. Die weiblichen entwickeln die Samen in einer stacheligen Hülle, die sich im Oktober öffnet und die Kastanie freigibt.

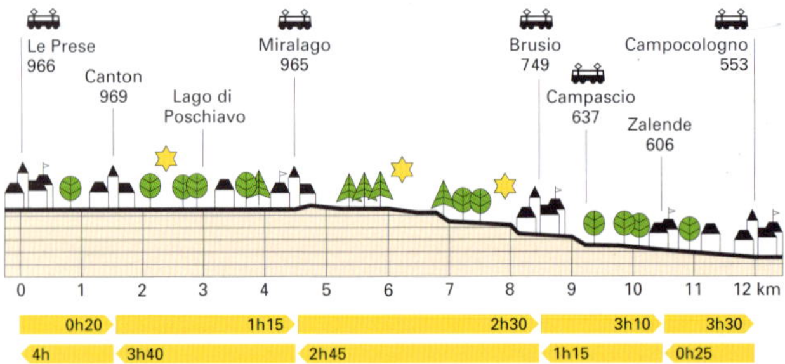

Sicht gegen die Bernina-Gruppe. Der Pfad mündet in eine Güterstrasse ein; man folgt ihr kurz aufwärts. Nach dem Tobel biegt die Route links ab und führt in die kleine Weide hinunter. Hier beginnt ein schöner Wanderweg, der entlang einem alten Bewässerungskanal durch lichten Tannenwald führt, ehe er in eine Naturstrasse einmündet. Man wandert diese Strasse abwärts, bis bei Golbia (nach der ersten Kehre) die Wanderroute rechts abzweigt. Der Wanderer hat nun eine prächtige Sicht ins untere Puschlav mit der Gemeinde Brusio. Hier zeigt sich die Bergsturzmasse in voller Grösse, die das Tal gegen Norden abriegelt. Man benützt den ebenen, südwärts führenden Weg, der oberhalb der eingefassten Wiesen verläuft. Bald beginnt ein abwechslungsreicher Abstieg. Dabei werden Weiden, Geröllhalden und Waldstücke durchquert. Der aufmerksame Wanderer wird viele interessante Blumen- und Pflanzengruppen entdecken, darunter zahlreiche Pionierpflanzen. Die Geröllhalden bestehen teilweise aus Ausbruchmaterial, das beim Bau des Wasserzuleitungsstollens Puschlaversee–Monte Scala der Kraftwerke Brusio anfiel. Die Pflanzen zeigen eindrücklich, wie die Natur die Eingriffe des Menschen langsam überdeckt. Im letzten Wegstück sorgen die ersten mächtigen Kastanienbäume für angenehmen Schatten. Ein schönes Bild bietet Brusio mit seinen beiden Kirchen. Das Dorf wird im Süden durch den bekannten Kreisviadukt der Berninabahn abgeschlossen. Der Wanderweg mündet bei Castelet in einen Güterweg ein. Nach links gelangt man ins Zentrum von ***Brusio*** und zum Bahnhof. Die Wanderroute führt nach rechts abwärts zur Hauptstrasse, der man ein kurzes Stück bis Pergola folgt. Hier auf der Höhe des Kreisviadukts der RhB zweigt eine Güterstrasse rechts ab. Auf ihr wandert man über Casal (Sportplatz), gegenüber Campascio, nach ***Zalende*** weiter. Dabei geht man abwechselnd durch Wiesen, lichten Kastanienwald und ertragreiche Obstkulturen. Die Gegend um Campascio und Zalende ist wegen der sonnigen windgeschützten Lage sehr fruchtbar. Der Weiler Zalende wird durchwandert. Nachher muss auf die andere Talseite gewechselt werden, da bei den Unwettern von 1987 die alte Strasse weggeschwemmt wurde. Auf der Hauptstrasse geht man talauswärts weiter und kommt zum Grenzort ***Campocologno.***

Gasthäuser unterwegs

7746 Le Prese: 6 Gaststätten
Infostelle: Tourismusverein Valposchiavo, 7742 Poschiavo, Tel. 081 844 05 71
Hotel Miralago, Miralago, 🛏,
7743 Brusio, Tel. 081 839 2 00
7743 Brusio: 7 Gaststätten
Infostelle: Tourismusverein Valposchiavo, 7742 Poschiavo, Tel. 081 844 05 71
Ristorante Saiento, 7748 Campascio, Tel. 081 846 56 46
Osteria Zanolari, 7748 Campascio, Tel. 081 846 53 80
7744 Campocologno: 3 Gaststätten
Infostelle: Tourismusverein Valposchiavo, 7742 Poschiavo, Tel. 081 844 05 71

58 Auf den Spuren der Schmuggler

5h Brusio–Ginet–Viano–La Dogana–Baruffini (I)–Tirano (I)

Eine interessante Wanderung von Brusio über das ehemalige Schmugglerdorf Viano hinab nach Tirano (Italien).

Von der RhB-Station ***Brusio*** geht man der Bahnlinie entlang aufwärts und folgt der sich über I Prai nach Mottina hinaufziehenden Strasse. Kurz vor dem markanten Hügel biegt rechts ein Fussweg ab und führt nach Ginet hinauf. Von Ginet benützt man die geteerten Strasse nach ***Viano*** hinauf. Die Strasse verläuft teilweise in Waldpartien, was das Wandern angenehmer macht. Dabei hat man sehr schöne Aussichten über das Dorf Brusio mit seinem berühmten Kreisvia-

WARUM FLORIERTE DER SCHMUGGEL? Entlang der Grenzen besteht immer ein vermehrter Güteraustausch. Lebensmittel und Waren, die in einem Land billiger zu haben sind, werden von der anderen Seite begehrt und gekauft. Dabei ist der Wechselkurs von entscheidender Bedeutung. Während früher der «Benzin–Tourismus» die Schweizer Geschäfte belebte, kaufen heute viele Schweizer in Italien ein. Dieser Warenaustausch ist normalerweise kein Schmuggel, da er sich innerhalb der regulären Zollabfertigung bewegt.
Wer vor vielen Jahren das Puschlav besuchte, erinnert sich sicher noch an den «Dunst mit Kaffeegeschmack», der immer im unteren Puschlav lag. Er stammte von den Kaffeeröstereien, die den Kaffee für den Schmuggel nach Italien vorbereiteten. Der Rohkaffee kam auf Rheinschiffen in Basel an, wurde vorschriftsgemäss verzollt und per Bahn und Lastwagen in die Röstereien entlang der Grenze gebracht. Nach dem Rösten wurde der Kaffee beim Schweizer Zoll zur Ausfuhr angemeldet, worauf die erhobenen Zölle wieder zurückerstattet wurden. Nun konnte der Kaffee nach Italien «geschmuggelt» werden.
Auf der italienischen Seite waren entlang der Grenze zahlreiche kleine Röstereien. Diese bekamen eine bestimmte Menge Rohkaffee, vom italienischen Monopol/Staat, zum Rösten zugeteilt. Dafür erhielten sie die Bewilligung, diesen Kaffee in Italien zu transportieren. Mit dieser offiziellen Transportbewilligung fuhr man nun solange «legal» Kaffee, bis bei einer Kontrolle die Bewilligung eingezogen wurde. Man konnte so in vielen Fahrten den geschmuggelten Kaffee, eigentlich legal, in die Verbrauchszentren bringen. Mit dem Dollar/Lire–Zerfall wurde die lukrative Preisdifferenz aufgehoben und der Kaffeeschmuggel eingestellt.

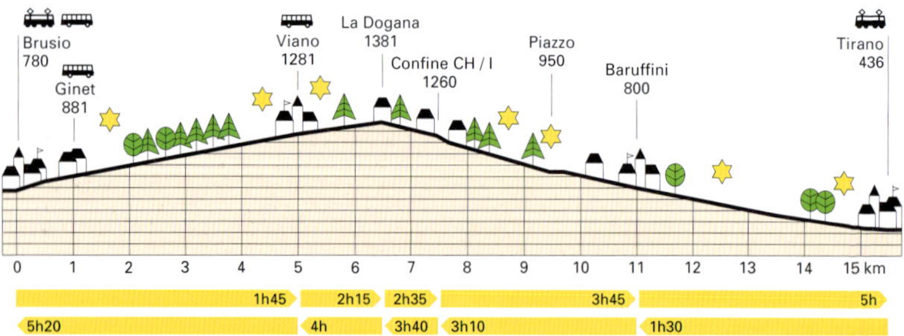

dukt der Berninabahn. Vielleicht hat der Wanderer das Glück, die Fahrt eines Zuges von hier mitzuverfolgen; es wirkt wie die Anlage einer Spielzeugeisenbahn. Im Norden zeigt sich die ganze Mächtigkeit des prähistorischen Bergsturzes von Miralago, eine Szenerie, die durch die vergletscherte Bernina–Gruppe im Hintergrund noch verstärkt wird.
Man geht durch das Dorf Viano hindurch und wandert weiter talauswärts auf der Strasse, die bei ***La Dogana*** (Schweizer Zoll) endet. Am rechten Hang folgt man dem alten Alpweg, der durch die Mulde hinabzieht. Wer die schöne Sicht auf den untersten Talabschnitt mit Campocologno betrachten möchte, muss zum Grat aufsteigen. Achtung, der Sass dal Gal (Hahnenstein) fällt sehr steil gegen das Tal ab! An der malerischen Häusergruppe vorbei, gelangt man zur Grenze, ***Confine CH/I*** (bitte Ausweis mitnehmen). Nach einem kurzen Wegstück erreicht man die Überreste des ehemaligen italienischen Zollpostens. Der Weg führt hier recht steil vorbei. Etwas unterhalb ragen, wie mahnende Finger, die Baumreste aus dem Unterholz. Hier wütete vor vielen Jahren ein Waldbrand. In abwechslungsreicher Wanderung geht es talauswärts. Schon bald öffnen sich die ersten Tiefblicke ins Veltlin mit Tirano im Zentrum. Der Weg führt nun um den Hang herum gegen Osten, und oberhalb der Häuser von Piazzo kommt man auf eine geteerte Strasse, der man nach ***Baruffini*** folgt. Man hat eine sehr schöne, freie Sicht über die Rebberge und Tirano. Das Dorf Baruffini wird durchwandert, man geht am Friedhof vorbei, und rund 500 m nach dem letzten Haus biegt rechts eine Strasse in Richtung Roncaiola ab. Ihr folgt man ein kurzes Stück, ehe nach links der markierte alte Weg durch die Reben beginnt. Dieser führt den Wanderer nach Tirano hinab. In Tirano geht man gegen den Fluss Adda, biegt kurz zuvor rechts ab, überquert die Hauptstrasse und erreicht geradeaus gehend den Bahnhof ***Tirano.***

Gasthäuser unterwegs
7743 Brusio: 7 Gaststätten
Informationsstelle: Tourismusverein Valposchiavo, 7742 Poschiavo, Tel. 081 844 05 71
Pensione Bottoni, 🛏, 7747 Viano, Tel. 081 846 54 83
Pensione Monigatti, 🛏, 7747 Viano, Tel. 081 846 51 78
Trattoria Rinaldi, Baruffini/Italien, Tel. 088 70 17 86
Ristorante Del Simone, Baruffini/Italien, Tel. 088 70 34 47
Tirano/Italien: zahlreiche Gaststätten

Vorwahl Baruffini/Italien ausserhalb des Puschlavs 0039 342/.. .. ..

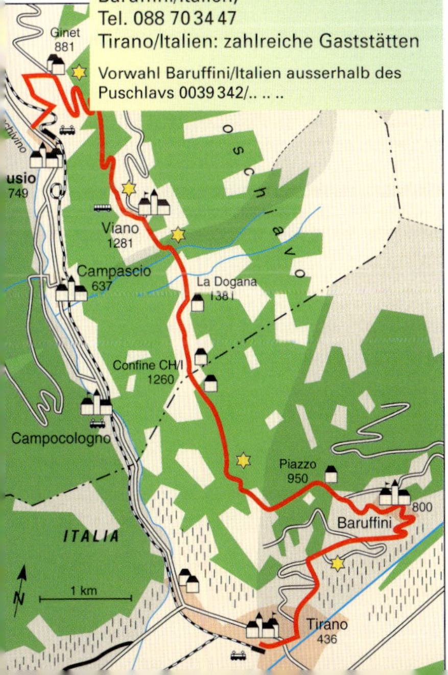

Hinter dem bewaldeten Hügel führt der Schugglerweg gegen Tirano hinab. Im Hintergrund wird das Veltlin durch den Bergrücken mit der Aprica abgeschlossen, und in der Ferne erheben sich die Bergamasker Alpen.

59 Jedes durchquerte Tobel bietet neue Überraschungen

4h30 Viano–La Dogana–Tegial–Grüm Sot–Salina–Stablina–Predasc–Zavena–Viano

Eine Rundwanderung für Liebhaber stiller Bergwege und -pfade in romantischer, urwüchsiger Umgebung. Für trittsichere und berggewohnte Wanderer ein sehr empfehlenswerter Geheimtip. Die Wanderung führt über ausgedehnte Alpweiden, angenehme Waldstücke und öffnet viele bezaubernde Ausblicke. Um Viano Hartbelag.

Viano kann im eigenen Fahrzeug oder mit dem PTT-Bus erreicht werden. Man geht durch ***Viano*** hindurch und benützt die Strasse geradeaus bis ***La Dogana.*** Bei den Häusern zweigt links ein Weg ab und führt auf den Hügel. Hier beginnt der alte Alpweg, der teilweise in steilen Rampen ins Val da Braga hinaufzieht. Oberhalb des Waldgürtels öffnet sich ein gutes Weidegebiet. Der Weg folgt dem Bachlauf in die Höhe und schwenkt oben am Waldrand gegen Süden ab. Man hat eine sehr schöne Sicht zum gegenüberliegenden Val dal Saent mit seinen weitläufigen Alpen. Oben an der Weide taucht der Weg in den Wald ein und führt zur Alp ***Tegial*** hinauf. Hier breitet sich das Puschlav vor dem Wanderer aus. Der Blick geht über Viano, den Puschlaversee, und das Ganze wird überragt von der mächtigen Bernina-Gruppe.

Von dem Alpgebäude wandert man nach links aufwärts über die blumenreiche Weide zum Waldrand. Nun sorgt der schattenspendende Wald für einen angenehmen Aufstieg ins Val da Braga. Bei Bratel öffnet sich die Sicht ins Veltlin, das von den Bergamasker Alpen überragt wird. Über Weide, entlang mit Steinwällen geschützten Wiesen erreicht man ***Grüm Sot.*** Diese Alp hat sehr schöne, halbrunde Crotti, aus Steinen zusammengesetzte Milch- und Käsekeller. Man geht nun nicht zum Waldrand hinab, sondern biegt unterhalb des Hauses rechts ab und stösst hinter dem Steinwall auf

Spezialitäten aus Buchweizen. Auf einzelnen Feldern von Brusio findet man im Herbst, als zweite Frucht nach den Kartoffeln, den Buchweizen. Heute wird nur noch wenig Buchweizen angebaut, man bezieht günstiger das fertige Mehl. Die Buchweizenpflanze ist keine Getreideart, sondern ein Knöterichgewächs, wie der Sauerampfer. Den Namen hat er von seiner dreikantigen Frucht erhalten, die denjenigen der Buchen (Bucheckern) sehr ähnlich ist. Die rötlich-weissen Blüten sind unscheinbar. Aus dem dunkelgrauen Mehl bereitet man die bekannten Pizzöccheri und weitere Spezialitäten der Puschlaver und Veltliner Küche.

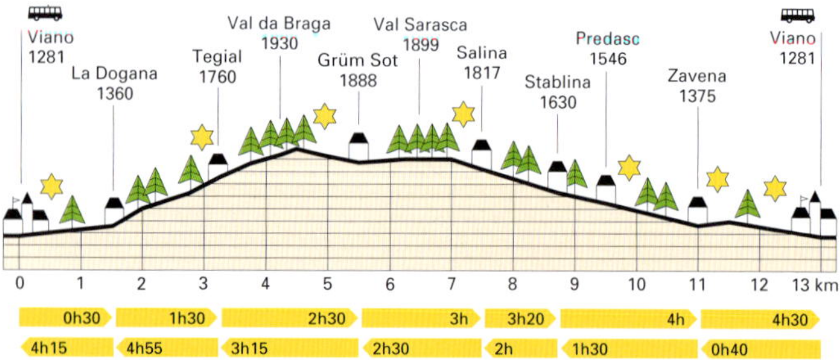

einen Pfad (Markierung beachten). Auf einem welligen Pfad wandert man durch das urwüchsige, wilde Val Sarasca zur Alp ***Salina*** hinüber. Wer die Route ausdehnen möchte, kann über Li Murus nach San Romerio gehen (1h45) (San Romerio–Predasc 45 min).
Die Wanderroute führt von Salina nordwärts, der Wiesenabgrenzung entlang hinab. Am Waldrand stösst man auf einen Alpweg und folgt ihm abwärts. Auf der rechten Seite des Val Granda wächst der Weg immer sehr schnell zu. Man hält die Höhe und geht geradeaus und stösst am Waldrand wieder auf einen Alpweg, dem man bis zum nächsten Taleinschnitt folgt. Hier trifft man auf die Kurve einer Naturstrasse (Frendül–La Dogana–Viano 1h30). Die Strasse geht man nun abwärts über die Maiensässe ***Stablina,*** die Alp Predasc und durch die sich mächtig erweiternde Schlucht des Val Granda. Bei Predasc hat man eine grossartige Aussicht. Im Norden dominiert die vergletscherte Bernina-Gruppe, und tief unten leuchtet der Puschlaversee herauf. Oben an der steilen Felswand wird das

Das ehemalige Schmugglerdorf Viano liegt auf einer flachen und sonnigen Bergflanke hoch über der Talsohle von Brusio. Man hat eine grossartige Sicht: im Süden ins Veltlin; nach Westen zum Bergdorf Cavaione und dem weitläufigen Val dal Saent; im Norden leuchtet der Puschlaversee herauf, und die Bernina-Gruppe setzt den markanten Schlusspunkt.

schlichte Kirchlein von San Romerio sichtbar. Die mächtige Schlucht, das Val Granda, lässt die grossen Kräfte der Natur erahnen. Erdrutsche von hier oben haben schon öfters die Ortschaft Brusio bedroht.
In der Kurve – dort, wo die Strasse die Schlucht verlässt – beginnt rechts der Abstieg, der durch den Wald zu den Maiensässen von ***Zavena*** führt. Eine freie Sicht erwartet hier den Wanderer. Auf der gegenüberliegenden Bergseite zeigt sich der mächtige Kessel des Val dal Saent, auf dessen Flanke die Häuser von Cavaione angeordnet sind. Auf der Alpstrasse wandert man nun weiter talauswärts. Nachdem der letzte Waldgürtel durchschritten ist, hat man eine freie Sicht über Viano mit den italienischen Bergen im Hintergrund. Auf der Strasse geht man nach ***Viano*** hinunter.

Gasthäuser unterwegs
Pensione Bottoni, ⛼, 7747 Viano,
Tel. 081 846 54 83
Pensione Monigatti, ⛼,
7747 Viano, Tel. 081 846 51 78
Alpe San Romerio, ⛼, 7743 Brusio,
Tel. 081 846 54 50

60 Der steile Weg diente früher als Verbindung zum Bergdorf

4h15 Campascio–Brata–Cavaione–Scala–Campocologno

Die Wanderung bietet neben landschaftlichen Reizen einen Besuch in der jüngsten Schweizer Fraktion.

Die Wanderung beginnt an der RhB-Haltestelle ***Campascio.*** Zunächst geht man rund 150 m der Bahnlinie entlang in Richtung Brusio, wo der Weg in eine Strasse einmündet. Ihr folgt man nach links zur Hauptstrasse, überquert diese und wandert auf die andere Talseite hinüber. Das Bachbett des Poschiavino-Flusses und dasjenige des Seitenbaches Saent mussten nach den verheerenden Unwettern von 1987 neu verbaut werden. Am Sportplatz Casal vorbei zieht die Strasse durch schönen alten Kastanienwald in die Höhe. Die Kastanie war über Jahrhunderte ein sehr wichtiges Nahrungsmittel für die Bergbauern. Beim Aufstieg hat man eine schöne Sicht über die Gemeinde Brusio mit ihren Weilern und Fraktionen. Bald biegt rechts der alte Weg nach Cavaione ab; Achtung, dass der Einstieg nicht verfehlt wird! Diesem Alpweg folgt man über ***Brata*** nach Cavaione hinauf. Das erste Wegstück ist eine sehr steile Rampe. Beachtenswert ist die «Pflasterung» des Weges. Damit das abfliessende Wasser den Weg weniger ausspülen konnte, wurde die Erde durch Steine geschützt. Es gab aber auch den Pferden besseren Halt. Bevor in den sechziger Jahren die Strasse über Scala

GESCHICHTE VON CAVAIONE. Früher war Cavaione eine Alp, die von Tirano aus genutzt wurde. Erst Ende des 17. Jh. wurden einige Leute ganzjährig ansässig. Als sich das Veltlin 1797 von den Drei Bünden löste, wurde Cavaione Niemandsland, denn die Grenze wurde nicht genau festgelegt. Fast alle Einwohner waren Veltliner und wohnten bald in Tirano, bald in Cavaione. Sie verstanden es vortrefflich, die unklare Lage auszunützen. Wollte ein Schweizer Beamter Steuern einziehen, waren selbstverständlich alle Italiener. Kam ein italienischer Beamter mit dem gleichen Begehren, so waren natürlich alle Schweizer. Als Cavaione endgültig der Schweiz angegliedert wurde und am 12. Juli 1875 die 103 Bewohner Schweizerbürger wurden, mussten sie zusammen Fr. 1420.– an die Gemeindekasse Brusio bezahlen. Vom Bund erhielt die Gemeinde Brusio Fr. 17 900.– und vom Kanton Graubünden Fr. 3600.– für diese Einbürgerungen. Die Cavaionesi durften nun, wie alle Eidgenossen auch, Steuern zahlen und Militärdienst leisten.

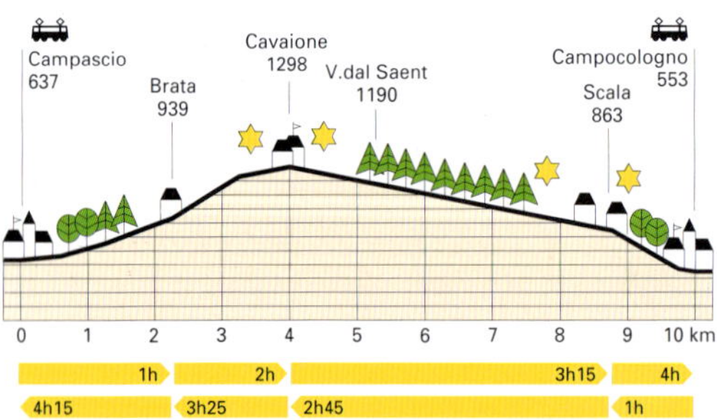

Gasthäuser unterwegs
Bar Cavaione, Fam. Plozza,
7748 Campascio, Tel. 081 846 51 7
7744 Campocologno: 3 Gaststätter
Informationsstelle:
Tourismusverein Valposchiavo,
7742 Poschiavo, Tel. 081 844 05 71
Ristorante Saiento,
7748 Campascio, Tel. 081 846 56 4
Osteria Zanolari, 7748 Campascio
Tel. 081 846 53 80

nach Cavaione gebaut wurde, diente dieser steile Weg als Verbindung zu dem Bergdorf. Mit Saumrossen und kleinen zweiräderigen Karren wurde das Lebensnotwendige transportiert. Es war aber auch der letzte Weg der Cavaionesi, denn sie wurden in der Talsohle zur letzten Ruhe gebettet.

Kurz nach Brata überquert man das Val dal Saent. Oben in der mächtigen Felswand sind Anlagen der Kraftwerke Brusio sichtbar. Im Berginnern verläuft der Zubringerstollen, der Wasser vom Puschlaversee zum Kraftwerk Campocologno überleitet. Das vom Val dal Saent abfliessende Wasser wird hier ebenfalls

Oberhalb des Dorfkerns von Cavaione steht die schlichte Kirche. Sie wurde vor einigen Jahren renoviert und mit einer neuen Turmspitze versehen.

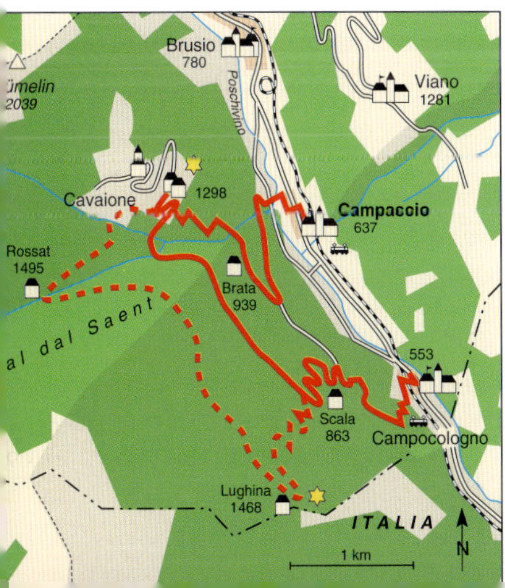

eingeleitet und zur Erzeugung von elektrischer Energie genutzt. In steilem Zickzack führt nun der Weg aufwärts und mündet unterhalb von Cavaione wieder in die Strasse ein. Ihr folgt man nun nach ***Cavaione*** / I Betin hinauf. Eine prächtige Aussicht lässt die Mühen des Aufstiegs rasch vergessen. Von der anderen Talseite grüsst der Weiler Viano herüber. Im Süden schliessen die Veltliner und Bergamasker Alpen das herrliche Bild ab.

Wer die Wanderung ausdehnen möchte, kann über die wenig begangene Route zum Aussichtspunkt Lughina (Cavaione–Lughina–Scala 3h) gehen.

Für den Rückweg ab Cavaione benützt man die geteerte Strasse. Nach einigen Kehren erreicht man die eindrückliche Schlucht des Val dal Saent. Nach der hohen Brücke folgt ein kurzer Tunnel. Nun hat man eine schöne Übersicht auf den Weiler Cavaione. Diesen steilen Hang zu besiedeln war nicht leicht. Nur gerade im Zentrum schmiegt sich eine grössere Häusergruppe zusammen. Selbst die Kirche musste höher oben gebaut werden. Die alten Cavaionesi fristeten hier ein sehr hartes und karges Bergbauerndasein. Die Strasse schlängelt sich durch lichten Tannen- und Lärchenwald nach ***Scala*** hinab. Hier hat man eine wunderbare Sicht über Tirano (Italien).

Nach der Kurve zweigt rechts die Wanderroute ab. Zunächst windet sich der Weg die Wiesen hinab und über ein steiles Felsstück, ehe man die Druckleitung überschreitet. Nun stösst man auf den alten Alpweg, der früher von Tirano kommend nach Cavaione hinaufführte. Leider wurde er durch den Strassenbau oberhalb von Scala teilweise verschüttet und ist nicht mehr begehbar. Wieviel Käse und Holz wurden wohl im Laufe der Jahrhunderte über diesen Weg von den Alpen im Val dal Saent zu den Eigentümern in Tirano transportiert? Oberhalb des Zolls von Campocologno verlässt man den Alpweg. Nach links folgt man dem Pfad, der durch den schönen Kastanienwald hinunterführt. An der Kirche vorbei gelangt man zum Bahnhof ***Campocologno.***

Bergwandern – aber sicher!

Wandern ist eine ausgewogene, erlebnisreiche Erholungsart. Nichts ist dem Wandererlebnis abträglicher als falscher Ehrgeiz und Überschätzung der eigenen Kräfte. Sorgfältige Planung, richtige Ausrüstung und vernünftiges Verhalten tragen zum Gelingen einer Wanderung bei. Besonders das Bergwandern erfordert ein hohes Mass an Eigenverantwortung; dazu gehören:

Richtige Planung

Route der Jahreszeit anpassen (Schneeverhältnisse, Tageslicht).

Länge und Schwierigkeitsgrad der Bergwanderung auf Kondition und Können der schwächsten Gruppenmitglieder (Kinder) abstimmen.

Genügend Ausweich- oder Umkehrmöglichkeiten (z.B. bei Wetterumsturz, Schwäche) einplanen.

Erkundigungen über Wegverhältnisse (Schneefelder, Vereisungen) z.B. beim Verkehrsverein oder Hüttenwart einholen.

Aktuellen Wetterbericht beachten.

Bergwanderung frühmorgens beginnen und genügend Zeitreserven (Pausen, Unvorhergesehenes) einplanen.

Richtige Ausrüstung

In den Bergen kann das Wetter plötzlich und unerwartet umschlagen (Regen, Gewitter, Hagel, Schnee bis in tiefere Lagen auch im Sommer und Herbst). Darum ist eine zweckmässige Ausrüstung lebenswichtig:

Hohe Bergschuhe mit Profilgummisohle.

Kleidung auf unerwarteten Wetterumschlag ausrichten. Heute hat sich allgemein das Mehrschichtenprinzip durchgesetzt: Anstelle einer sehr warmen Jacke werden mehrere leichtere Kleidungsstücke übereinander angezogen.

Kälteschutz: Pullover, Mütze, Handschuhe, lange Hosen.

Sonnenschutz: Sonnenhut, -brille, -crème.

Wind- und Regenschutz.

Rucksack mit breiten und richtig angepassten Tragriemen und Hüftgurt.

Präzise Wander- und Landeskarten sowie Wanderbücher, evtl. Höhenmesser und Kompass.

Proviant und Getränke: Besonders für Kinder muss genügend Flüssigkeit mitgenommen werden. Keine alkoholischen Getränke während der Bergwanderung!

Für den Notfall: elastische Binde und Schnellverband (Pflaster), evtl. Rettungsfolie, Trillerpfeife, Taschenlampe.

Wanderstöcke können beim Abwärtsgehen eine wertvolle Hilfe sein, da sie eine entlastende Wirkung auf die Gelenke ausüben.

Richtiges Verhalten

Bergwanderungen nie allein unternehmen.

Die offiziell markierten Bergwanderwege (weiss-rot-weisse Farbstriche) nicht verlassen.

Kleine Schritte und gleichmässiges Tempo sparen bergauf Kraft und schonen bergab die Gelenke.

Den Oberkörper beim Abwärtsgehen nie nach hinten lehnen (Rutschgefahr).

Auch ohne Durst ist Trinken wichtig, denn das Durstgefühl hinkt dem tatsächlichen Flüssigkeitsbedarf hintennach.

Gletscher nur unter fachkundiger Führung begehen.

Schneefelder können gefährlich sein. Eine Rutschfahrt ist manchmal kaum mehr zu stoppen und kann in unübersichtlichem Gelände tödlich sein. Wenn der harte oder gefrorene Schnee keinen genügenden Halt bietet, ist es besser, umzukehren.

Kein Risiko bei Schlechtwettereinbruch, Unwohlsein (Schwäche) oder anderen Schwierigkeiten eingehen. Rechtzeitig umkehren und nichts erzwingen.

Die 6 Regeln zum Bergwandern

Planen Sie jede Bergwanderung sorgfältig!

Gehen Sie nie allein auf eine Bergwanderung!

Beobachten Sie ständig die Wetterentwicklung!

Achten Sie auf eine geeignete und vollständige Ausrüstung!

Informieren Sie Drittpersonen über Ihre Tour. Melden Sie sich bei der Ankunft am Ziel zurück!

Beachten Sie den Grundsatz «Im Zweifel umkehren!»

Abdruck mit freundlicher Genehmigung der Schweizerischen Beratungsstelle für Unfallverhütung bfu, Bern, aus «Bergwandern – aber sicher!»

Touristische Informationen

Wanderwegvereinigung

BAW Bündner Wanderwege, Geschäftsstelle, Kornplatz 12, 7000 Chur
Tel. 081 258 34 00, Fax 081 258 34 01
e-mail: info@buendnerwanderwege.ch, Internet: www.buendnerwanderwege.ch

Im Kanton Graubünden wird das Wanderwegnetz durch die BAW betreut. Sie ist ein Verein mit Einzel- und Kollektivmitgliedern, der für seine Arbeit vom Kanton Graubünden massgebend unterstützt wird.
Die Bemühungen, im Kanton Graubünden Wanderwege zu erstellen und zu unterhalten, gehen in die Mitte des 19. Jh. zurück. Damals wurde bereits im Raume Oberengadin und Davos ein Netz von Touristenwegen geschaffen, das anschliessend um Pass- und Talrouten im ganzen Kanton erweitert wurde. Heute können im ganzen Kanton Graubünden rund 10 500 km Wander- und Bergwanderwege begangen werden.
Bei den Wanderern aus dem In- und Ausland erfreut sich dieses Wegnetz nach wie vor zunehmender Beliebtheit. Es führt durch Täler, über Höhen, Pässe und auch auf eine Vielzahl von Berggipfeln.
Seit einigen Jahren wird im Auftrag des Kantons, in Zusammenarbeit mit den Gemeinden und den lokalen Verkehrsvereinen unter Federführung der BAW die Neusignalisation des gesamten Wegnetzes durchgeführt. Sie beinhaltet die Planung, das Versetzen der fehlenden Wegweiserstangen, den Ersatz aller Wanderwegweiser, die Wanderorientierungstafeln sowie die entsprechende Wanderkarte.
Die BAW organisiert auch geführte ein- oder mehrtägige Wanderungen im In- und Ausland.

Wanderkarten Bündner Wanderwege/Kümmerly+Frey

0811 **Surselva** Lugnez–Valsertal–Safiental 1:60 000
0812 **Hinterrheintäler** Misox–Calancatal–Avers 1:60 000
0813 **Prättigau–Albula** Landschaft-Davos–Schanfigg 1:60 000
0814 **Unterengadin** Samnaun–Nationalpark–Münstertal 1:60 000
0815 **Oberengadin** Bergell–Bernina-Puschlav–Surses 1:60 000
0815 **Graubünden** Ausflugs- und Touristikkarte 1:120 000

Wanderkarten der Verkehrsvereine

Oberengadin–Bergell–Puschlav 1:60 000
Parc Naziunal Svizzera 1:45 000
Lenzerheide (Wander- und Bikerkarte) 1:25 000

SAW Wanderkarten 1:50 000

268 T Julierpass
258 T Bergün
259 T Ofenpass

Tourismusvereine

Graubünden Ferien
Alexanderstrasse 24
7001 Chur
Tel. 081 254 24 24
Fax 081 254 24 00
info@graubuenden.ch

Regionale

Ferienregion Engadin
7504 Pontresina
Tel. 081 842 65 73
Fax 081 842 65 25
info@engadin.ch

Tourismus Organisation Plaiv
(Ferienorte von La Punt bis Zernez)
7524 Zuoz
Tel. 081 851 20 20
Fax 081 851 20 24
plaiv@spin.ch

Bergell/Bregaglia
7605 Stampa
Tel 081 822 15 55
Fax 081 822 16 44
info@bregaglia.ch

Valposchiavo (Puschlav)
7742 Poschiavo
Tel. 081 844 05 71
Fax 081 844 10 27
info@valposchiavo.ch

Lokale

7447 Avers-Cresta
Tel. 081 667 11 67
Fax 081 667 12 02

7502 Bever
Tel. 081 852 49 45
Fax 081 852 49 17

7457 Bivio
Tel. 081 684 53 23
Fax 081 684 55 58

7505 Celerina
Tel. 081 830 00 11
Fax 081 830 00 19

7522 La Punt-Chamuesch
Tel. 081 854 24 77
Fax 081 854 38 77

7516 Maloja
Tel. 081 824 31 88
Fax 081 824 36 37

7504 Pontresina
Tel. 081 838 83 00
Fax 081 838 83 10

7500 St. Moritz
Tel. 081 837 33 33
Fax 081 837 33 66

7503 Samedan
Tel. 081 851 00 60
Fax 081 851 00 66

7460 Savognin
Tel. 081 659 16 16
Fax 081 659 16 17

7525 S-chanf
Tel. 081 854 22 55
Fax 081 850 17 65

7514 Sils/Segl im Engadin
Tel. 081 838 50 50
Fax 081 838 50 59

7513 Silvaplana
Tel. 081 838 60 00
Fax 081 838 60 09

7524 Zuoz
Tel. 081 854 15 10
Fax 081 854 33 34

Register

Die Zahlen beziehen sich auf die Routennummern

Acla Albertini 17
Albigna, Staumauer 37
Albula, Passstrasse 17, 19
Alp Acla Laret 17
Alp Belvair 17
Alp da Segl 2
Alp da Staz 9
Alp Es-cha Dadour 19
Alp Flix 26
Alp Grüm 12, 44, 45, 51
Alp Languard 13, 14, 15
Alp Natons 26
Alp Nova 19
Alp Prünella 18
Alp Purcher 20
Alp Suvretta 7
Alp Trupchun 20
Angeli Custodi 53
Arve 47
Aura freida 50
Avers 21, 42

Bargui 55
Baruffin 58
Bernina, Berggruppe 5
Bernina, Ospizio 43, 44, 45
Bernina Suot 13, 18
Berninalinie 12
Bever 16, 17
Bivio 1, 21, 26, 27, 28, 33, 34
Blaunca 7, 31
Borgonovo 38
Bovalhütte 10
Braita 51
Brata 60
Brusio 55, 57, 58
Buchweizen 59

Ca d'Starnam 30
Cadera 45
Cadrin 35
Camp 48
Campascio 57, 60
Campocologno 57, 60
Caneu 57
Cansumé 54
Canton 56
Capanna da l'Albigna CAS 37
Capanna di Sciora CAS 40
Capanna Sasc Furä CAS 41
Casaccia 28, 32, 33, 35, 36, 39
Cavaglia 45, 51, 52, 53
Cavaione 60
Chamanna da Boval CAS 10
Chamanna Coaz CAS 5
Chamanna d'Es-cha CAS 19
Chamanna dal Parc Varusch 20
Chamanna Paradis 14
Chamanna Saluver 8
Chamanna Segantini 14
Chamonas d'Ela SAC 22
Chamues-ch 18,19
Chantarella 8
Chapella 17
Chastlatsch 19
Chünetta 10
Cinuos-chel 17
Cologna 54, 55, 56
Coltura 39
Corvatsch 4, 5, 6
Corviglia 8
Crap Alv 6, 19, 23
Crasta 2, 30
Cunter 23
Cuorts 26
Curtins 2
Curvera 54

Dair 42
Diavolezza 11, 43
Doss 49
Durbegia 36

Edelkastanien 57
Egipta 22

Filisur 22
Flugplatz Samedan 8
Fontana, Benedikt 24
Forcellina 27, 34
Fratta 7
Freudül 55
Fumia 1
Fuorcla Chamuera 18
Fuorcla Crap Alv 16
Fuorcla da Faller 21
Fuorcla Pischa 13
Fuorcla Surlej 4, 5, 6
Fuorcla Valletta 8
Furtschellas 3

Gämse 52
Gianda d'Albris 13
Ginet 58
Gletschermühlen 53
God Aruozzas 20
Grevasalvas 7, 31
Grüm Sot 59
Gualdauna 19
Gugliel 54
Güvè 2

Hahnensee 6
Hochmoor 6
Höhenweg 15

Ils Lejins 4
Innerferrera 21
Irola 55
Isola 29

Juf 27, 34

Kraftwerke 37

La Dogana 58, 59
La Punt-Chamues-ch 18, 19

La Resgia 17
La Stretta 18
Lagh dal Lunghin 1, 32, 34
Lagh da l'Ombra 52
Lagh da Roan 48
Lagh da Saoseo 46, 47, 49
Lagh da Val Viola 47, 49
Lago Bianco 11, 12, 43, 44, 45
Lago da l' Albigna 37
Lago di Poschiavo 56
Lagüzzon 46, 47
Lai da Palpuogna 16
Laira 42
Landwirtschaft 4
Laret 40, 41
La Rösa 46
La Scera 53
Las Trais Fluors 8
Lej Alv 8
Lej d'Arlas 11
Lej da la Diavolezza 11, 43
Lej da San Murezzan 9
Lej da Staz 9
Lej dals Chöds 6
Lej Nair 11, 12, 44
Lej Pitschen 11, 43
Le Prese 57
Lungacqua 46, 47, 48
Lunghinsee 1, 32, 34
Lyceum Alpinum Zuoz 17

Maloja 1, 7, 29, 30, 31, 32, 34
Margun 15
Marmorè 3
Marmorera 26
Maroz Dent 39
Maroz Dora 33, 35, 39
Miralago 56, 57
Mon 25
Morteratsch 10
Mot 12, 44
Motta Ciürcla 37
Motta Palousa 23
Mulegns 21
Mühlen, 21
Muntarütsch 8
Muntatsch 8, 17
Munter 24
Muntschect 23
Mottacalva 47, 48
Muottas da Schlarigna 6
Muottas Muragl 14, 15
Murtèl 4, 5, 6
Murtel digl Crap Alv 16

Nambrun 39
Nationalpark 20

Obermutten 25
Orchas 7
Ospizio Bernina 11, 12
Ova d'Alvra 17
Ova d'Ês-cha 17

Palüd Marscha 16
Panoramica, La 36
Pass da la Prasgnola 42
Pass da Sett 1, 27, 28, 32, 33
Pass d'Ela 22
Pass Lunghin 1, 32, 34
Pensa 22
Petpreiv 30
Pflanzenwelt 3
Pila 1, 7, 31
Piz d'Ela 22
Piz Lunghin 32
Piz Palü 43
Piz Toissa 24
Pizzo Badile 41
Plang 21
Plang Camfer 27, 28
Plang Tuils 21, 34
Platta, 2, 3, 30
Plaun da l'Esen 13
Plaun da Staz 9
Plaun da Vachas 18
Plaun dals Süts 5
Plaun Grand 13, 17
Plaun Vadret 2
Pontresina 6, 10, 13, 14
Poschiavo 45, 50, 51, 53, 54, 55, 56
Pozzulasc 49
Prada 56
Prairol 52
Preda 16
Preda (Madris) 42
Predasc 59
Promastgel 23
Promontogno 40, 41
Puntalta 52, 53
Punt Muragl 14, 15
Puschlav 11, 49, 50

Ransung 26
Rhätische Bahn 16
Roticcio 36, 39

Salva 46
Scala 44, 60
S-chanf 20
Salategnas 26

Salina 59
Salouf 24
Saluver 8
San Romerio 55
Samedan 8
Saoseo 46, 47, 49
Sasc Prümaveira 37
Sassalb 54
Sassal Mason 12, 44
Sass Alv 8
Säumer 18
Savognin 22, 23
Scala 12
Schmuggel 58
Segantini, Maler 14
Selva 51
Septimerpass 1, 27, 28, 32, 33, 34
Serlas 18
Sfazù 46, 47, 48, 50
Signal 7
Sils/Segl Baselgia 2, 7, 31
Sils/Segl Maria 2, 3, 4, 29, 30
Silvaplana 7
Soglio 35, 36, 38, 42
Sovrana 42
Spadlatscha 22
Spinas 16
S. Carlo 50, 53, 54
St. Moritz 8, 9
St. Moritz Bad 7, 9
Stablina 55, 59
Stallerberg 21, 27, 34
Stampa 38
Steinwild 13, 48
Stierva 25
Sur 26
Sur Coual 25
Surlej 5, 6
Surovas 10
Surses 22

Tegial 59
Terzana 46, 47, 49, 50
Tga 21
Tgavretga 28
Tiefencastel 25
Tinizong 22
Tinzenhorn 22
Tirano 58

Unterer Schafberg 15
Unwetter 51
Urezza 50

Val 51
Val Bever 17
Val Bondasca 40
Val Bos-chetta 19
Val Chamuera 18
Val da Braga 59
Val da Cam 35
Val da Camp 46, 47
Val dal Saent 60
Val d'Arlas 43
Val da Pila 52
Val d'Err 22
Val d'Es-cha 19
Val d'Urezza 17
Val da Faller 21
Val da Fain 13
Val da Scrigns 20
Val Fedoz 30
Val Fex 2, 3, 30
Val Furcela 39
Val Languard 14
Val Madris 42
Val Maroz 33, 35
Val Mera 48
Val Müschauns 20
Val Pedenal 51
Val Roseg 5
Val Susauna 17
Val Tgavretga 1
Val Trupchun 20
Vallatscha 17
Vallun dal Murtèl 5
Varuna 51
Varusch, Parkhütte 20
Vaüglia 2
Via Engiadina 17
Viano 55, 58, 59
Vicosoprano 37, 38, 39

Wallfahrt 24
Wasserscheide 32

Zalende 57
Zavena 59
Ziteil 24
Zuoz 17, 19

Liniennetz Oberengadin

Postauto Graubünden

Die gelbe Flotte bringt Sie zu den Ausgangspunkten der schönsten Wanderungen in einer faszinierenden Umgebung. Entdecken Sie das Albulatal und das Oberhalbstein mit ursprünglichen Dörfern oder das Oberengadin mit seinen einmaligen Seen und idyllischen Seitentälern. Das wildromantische Bergell mit seinen Kletterbergen und Kastanienhainen ist ebenso eine Reise wert wie das Valposchiavo. Mit dem Postauto erreichen Sie das wieder erwachte Bad Alvaneu, den Pader Alexanderweg in der Gegend von Savognin, das aussichtsreiche Bergeller Dorf Soglio oder das Val di Campo mit seinen glasklaren Bergseen.

Unsere Ausflugstipps
Julier Route Express: Auf Römerspuren von Chur nach St. Moritz
PalmExpress: St. Moritz - Chiavenna - Lugano; von den Gletschern zu den Palmen

Weitere Tipps und Auskünfte erhalten Sie beim Postauto-Chauffeur oder bei unserer Geschäftsstelle in St. Moritz, Tel. 081 837 67 64, postautogr@post.ch, www.post.ch.

Rhätische Bahn

Das «Dach Europas» nennt man das Engadin. Gemeint ist das Hochplateau des Oberengadins, das über 40 Kilometer auf fast 1800 Meter Höhe liegt. Dichter, Maler und Philosophen haben mit ihren Werken das Einzigartige dieser alpinen Landschaft mit tiefblauen Seen verkündet. Vorbei an den Eisriesen der Berninagruppe, erreicht man die von Bergseen gesäumte Passhöhe Ospizio Bernina auf 2252 m ü.M. Als Teil der Alpentransversale gab diese Strecke dem berühmten Bernina Express ihren Namen.

Das ganze Netz der Rhätischen Bahn (RhB) zu Ihrer Verfügung mit dem Regionalpass Graubünden:
Während 10 (Sommer) oder 5 Tagen (Winter) auf dem 400 km langen Schienennetz der RhB an den ausgewählten Tagen frei umher reisen.

Ihr RhB-Bahnhof weiss Bescheid oder www.rhb.ch; contact@rhb.ch.

Bergbahnen Graubünden

Mit den Bergbahnen zum Gipfelerlebnis!

Auskünfte und Informationen betreffend Betriebszeiten und Angebote bei den jeweiligen Bergbahnunternehmungen.